C.H.BECK WISSEN

AF634627

Die Geschichte der islamischen Kunst erstreckt sich über weit mehr als tausend Jahre und über ein Gebiet, das von Spanien im Westen bis nach Indien im Osten reicht. In seinem konzisen Überblick stellt Lorenz Korn diese Geschichte mit ihren vielfältigen regionalen Traditionen dar und erläutert dabei die wichtigsten Errungenschaften der islamischen Kunst anhand von Einzelbeispielen. Er erklärt das «Bilderverbot» des Islam und seine Auswirkungen auf die Kunst und führt in die verschiedenen Gattungen ein, die von der Kalligraphie und den Dekorationskünsten über die Buchmalerei, die Architektur der Paläste und Grabbauten bis zum Moscheebau mit seinen ganz unterschiedlichen Formen reichen.

Lorenz Korn ist Professor für Islamische Kunstgeschichte und Archäologie an der Universität Bamberg. Bei C.H.Beck ist von ihm erschienen: «Die Moschee. Architektur und religiöses Leben» (2012).

Lorenz Korn

GESCHICHTE DER ISLAMISCHEN KUNST

C.H.Beck

Mit 53 Abbildungen, davon 20 in Farbe

2., durchgesehene Auflage. 2023
Originalausgabe
© Verlag C.H.Beck oHG, München 2008
www.chbeck.de
Umschlagabbildung: Córdoba, Große Moschee,
© akg-images / Bildarchiv Monheim
Reihengestaltung Umschlag: Uwe Göbel (Original 1995, mit Logo), Marion Blomeyer (Überarbeitung 2018)
Satz: Fotosatz Reinhard Amann, Aichstetten
Druck und Bindung: Druckerei C.H.Beck, Nördlingen
Printed in Germany
ISBN 978 3 406 79814 6

myclimate

klimaneutral produziert
www.chbeck.de/nachhaltig

Inhalt

Vorbemerkung

Für Namen und Begriffe aus orientalischen Sprachen, die das arabisch-persische Alphabet verwenden, wurde eine vereinfachte Umschrift verwendet: So ist ch = tsch, dh = stimmhaftes engl. th wie in «the», gh = weiches r wie in Berlinerisch «sagen», h = hörbar gehauchtes oder scharfes h, j = dsch, kh = ch wie in «Bach», q = scharfes k (nicht qu!), sh = sch, th = stimmloses engl. th wie in «thing», z = stimmhaftes s, ' = Stimmabsatz bzw. stimmhafter Reibelaut.

Im türkischen Alphabet sind folgende Ausspracheregeln zu beachten: c = dsch, ç = tsch, ğ = weiches r wie in Berlinerisch «sagen», ı = stumpfes i, j = wie in französisch «Journal», ş = sch, z = stimmhaftes s.

Vorwort

Von den ältesten Koranhandschriften über aufwendig glasierte Keramiken bis zu Herrscherporträts des 19. Jahrhunderts, vom Felsendom in Jerusalem über das Taj Mahal in Agra bis zu modernistischen Moschee- und Museumsbauten in den Golfstaaten reicht das Spektrum der islamischen Kunst. Formen und Bedeutungen entwickelten sich durch die Jahrhunderte von der Spätantike bis zur Postmoderne und variieren regional vom Atlantik bis nach Südasien. In der Darstellung dieses Buches liegt ein geographischer Schwerpunkt auf den historischen Kernländern der islamischen Welt im Vorderen Orient und Nordafrika.

Islamische Kunst, der «abendländischen» Kunst des lateinischen Europa benachbart, wurde häufig im Kontrast zu dieser beschrieben. Vereinfachungen und orientalistische Stereotypen in dieser west-östlichen Wahrnehmung – man denke zum Beispiel an das sogenannte Bilderverbot – machen erst in jüngster Zeit differenzierteren Sichtweisen Platz. Das hängt auch damit zusammen, dass sich der Blick auf die Kunstgeschichte als globale Entwicklung nach und nach erweitert. Aus europäischer Sicht bieten sich Parallelen, Überschneidungen und Austauschbeziehungen dar, die das Verhältnis zwischen islamischer und «westlicher» Kunst bestimmt haben. Aus kunsthistorischer Sicht sollten nicht Werturteile das Ziel solcher Vergleiche sein, sondern das Verstehen von Entwicklungen und Zusammenhängen.

Die Universität Bamberg hat mir seit 2003 die Möglichkeit gegeben, die islamische Kunstgeschichte und Archäologie fachlich zu vertreten und zu lehren. Daher möchte ich vor allem den Studierenden während meiner ersten Jahre als Universitätsprofessor danken, die mich zur Lehre im Überblick veranlasst haben. Dem Verlag C.H.Beck und seinem Team danke ich dafür, dass er die Geschichte der islamischen Kunst in die Reihe C.H.Beck Wissen aufgenommen und mit anderen Kapiteln der

Kunstgeschichte auf eine Ebene gestellt hat – auch in einer Neuauflage nach fünfzehn Jahren. Die Geschichte der islamischen Kunst präsentiert sich auch weiterhin vielschichtig und beziehungsreich. Wenn die vorliegende Darstellung das Interesse dafür wecken kann, hat sie ihr Ziel erreicht.

1. Grundzüge islamischer Kunstgeschichte

a) Was ist islamische Kunst?

Islam ist nicht allein eine Religion, sondern eine Kultur, die verschiedene Regionen auf drei Kontinenten über Jahrhunderte geprägt hat. Dazu gehören beispielsweise gemeinsame literarische Stoffe und historisch verankerte Identifizierungen. Daneben haben Kunst und materielle Kultur entscheidenden Anteil an dem, was als «islamische» Kultur bezeichnet wird. Dementsprechend wird der Begriff «islamische Kunst» auch nicht auf den religiösen Bereich eingeschränkt, sondern umfasst zum Beispiel den weiten Bereich der Buchillustration und -illumination, höfische Residenzen oder bürgerliche Wohnarchitekturen samt der zugehörigen Ausstattung, etwa Textilien.

«Kunst» kann verstanden werden als menschliche Aktivität, die die Umwelt nach ästhetischen Kriterien gestaltet, schafft und ordnet. Danach kann jedes menschliche Werk, das nach Schönheit strebt, als Kunst bezeichnet werden. Ohne vorab bestimmen zu wollen, was «schön» sei, können solche Gegenstände, die ihre Gestaltung nicht zufällig, aus Gewohnheit oder rein praktischen Gesichtspunkten erhalten haben, «Kunst» genannt werden. Schon die Wellenlinie auf der Schulter eines Keramikgefäßes gehört in den Bereich künstlerischer Produktion, auch wenn sich kein großes Geheimnis dahinter verbirgt. Dasselbe gilt für Malereien an den Deckenbalken eines Empfangsraumes in einem vornehmen Haus – und umso mehr, nur um ein Beispiel zu nennen, für die Palastanlage der Alhambra mit ihren raffiniert angeordneten Räumen und den reich verzierten Partien ihrer Architektur.

Die Kunst der islamischen Welt hat ihre eigene Geschichte, von der Zeit des Propheten Muhammad bis heute. Sie ging von bestimmten Vorbedingungen im spätantiken Vorderen Orient aus. Aufbauend auf diesen Voraussetzungen entwickelten sich Formen der Architektur, der Malerei und der sogenannten «Kleinkunst» zu einer Formensprache, die spezifische Inhalte vermitteln konnte und die charakteristische Eigenheiten besitzt. Da das ausgedehnte Reich der Umayyaden und der Abbasiden im 7. bis 9. Jahrhundert unserer Zeitrechnung weite Teile der Alten Welt zwischen Atlantik und Indus umfasste, konnte sich ein einheitlicher Modus des Bauens, Entwerfens und der Kunstproduktion leicht verbreiten. Zu anderen Zeiten ging die politische Kleinteiligkeit der islamischen Welt mit einer Vielfalt der Kunstprovinzen einher, die jeweils ihren eigenen Stil erkennen lassen. Es wäre aber falsch, politische Geschichte und Kunstgeschichte einfach gleichzusetzen. Politische Stabilität bedeutete nicht zugleich eine «Blüte der Kunst» (ohnehin ein problematischer Begriff). Parallele Entwicklungen und künstlerischer Austausch fanden durchaus auch zwischen politisch voneinander getrennten Regionen oder gar zwischen verfeindeten Staaten statt. Und selbst als ab dem 17. Jahrhundert die regionalen Stile Nordindiens, Irans und der Kernländer des Osmanischen Reiches in eine Art «nationale» Kunst einmündeten, blieben doch einige verbindende Merkmale islamischer Kunst bestehen.

Zugleich ist die Kunst der islamischen Welt Teil einer Geschichte der Weltkunst. Es gab kaum eine Epoche, in der der Kontakt mit benachbarten Kulturen nicht auch mit künstlerischem Austausch einherging. Formen und Inhalte wurden freizügig zwischen dem islamischen Mittelmeerraum und dem mittelalterlichen Europa ausgetauscht, zwischen hinduistisch und islamisch dominierten Gebieten in Indien oder zwischen den christlichen Völkern des Kaukasus und ihren muslimischen Nachbarn. In der Expansionsphase islamischer Herrschaft wurde die islamische Kunst immer wieder durch Formelemente bereichert, die von unterworfenen Völkern übernommen wurden, und als sich im 18. und 19. Jahrhundert die europäische Kolonialherrschaft ausbreitete, brachte das auch neue Anregungen für

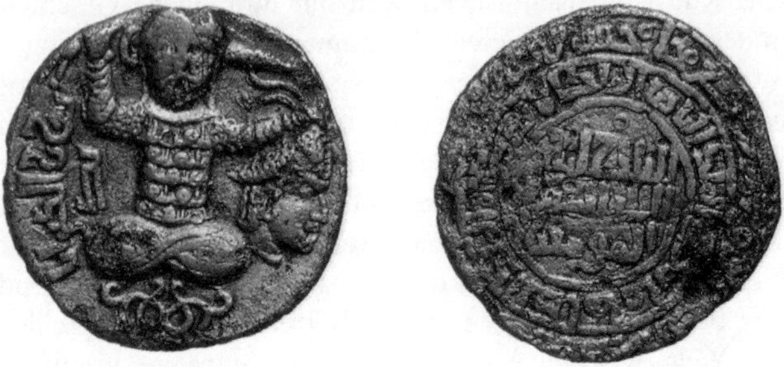

1 Perseus mit Medusa. Kupfermünze des Artukidenfürsten Yülük Arslan aus dem Jahr 1200, Mardin (Türkei) Universität Tübingen, Forschungsstelle für Islamische Numismatik

Auftraggeber und Künstler in der islamischen Welt mit sich, die sie aus der europäischen Kunst schöpften. Umgekehrt wurde die europäische Kunst von der islamischen beeinflusst, und zwar nicht nur in Epochen, für die die Kunstgeschichte das Etikett «Orientalismus» bereithält.

Immer wieder wird die Frage gestellt, inwiefern die Bezeichnung «islamische Kunst» eigentlich gerechtfertigt ist. Sicherlich kann sie nicht allein durch die islamische Religion definiert werden. Die Kunst der Moscheen, der religiösen Einrichtungen und der Gegenstände, mit denen sie ausgestattet sind oder waren, die Gestaltung von Koranhandschriften und anderen Büchern religiösen Inhalts – all dies ist so eng mit der Kunst außerhalb des religiösen Bereichs verknüpft und verwandt, dass eine Einteilung der Kunst der islamischen Welt in einen religiös-islamischen und einen profanen Teil allem Augenschein und jeder kunsthistorischen Analyse widerspräche. Kunst als Ausdruck einer Kultur gehört nicht allein in den Bereich der Religion, selbst wenn oftmals herausragende Werke der Kunst dem Ausdruck religiöser Inhalte dienten. Islamische Kunst kann also weder dadurch definiert werden, dass sie (nur) für islamisch-religiöse Zwecke entstand, noch als Kunst, die nur von Muslimen oder für Muslime hergestellt wurde. Vielmehr sollte islamische Kunst als ein Kapitel der Weltkunst verstanden werden, das dadurch gekennzeichnet ist, dass Bauten und Gegenstände unter islamischer Herrschaft errichtet und gestaltet wurden oder dass ein wesentlicher Anteil islamischer Kultur in ihre Entstehung mit einfloss. Somit können die Kupfermünzen der Artukidenherrscher Nordmesopotamiens im 12. und 13. Jahrhundert mit ihrer reichen «unislamischen» Bildlichkeit als Produkt einer vielgestaltigen Kultur unter muslimischen Herren angesehen werden (Abb. 1); und es ist gleichermaßen zulässig und sinnvoll, die berühmte Muqarnas-Holzdecke der Cappella Palatina in Palermo in die islamische Kunstgeschichte einzuordnen, obwohl sie im Auftrag eines christlichen Königs entstand (Abb. 10). Insgesamt erscheint ein pragmatisches Herangehen am ergiebigsten, das unter «islamischer Kunst» Werke erfasst, die aus der künstlerischen Tradition innerhalb islamischer Reiche und Staaten hervorgingen, deren Entwicklung vom 7. Jahrhundert bis zur Entstehung moderner Nationalstaaten reicht.

b) Islamische Kunst in verschiedenen Regionen

Für ein Kapitel der Weltkunst, das eine Spanne von 1400 Jahren umfasst, werden in der Perspektive des Überblicks gewaltige Unterschiede zwischen der Kunst verschiedener Epochen sichtbar. Ebenso augenfällig sind regionale Unterschiede zwischen der Kunst der vielen Länder und Völker der islamischen Welt, vom Atlantik bis Bengalen und von Zentralasien bis in den Sudan. Geographische, klimatische und ethnische Faktoren haben die Kunst jeweils auf ihre Art beeinflusst. Einige Merkmale, die für die islamische Kunst der verschiedenen Regionen jeweils kennzeichnend sind, können hier im Überblick angedeutet werden.

Im westlichen Nordafrika (dem Maghreb) und auf der Iberischen Halbinsel (al-Andalus) konnte sich in der stark gegliederten Landschaft, mit ihrem Wechsel von Bergketten und fruchtbaren Ebenen, eine ergiebige Landwirtschaft in Symbiose mit nomadischer Weidewirtschaft entwickeln. Seit der römischen Antike waren städtische Zentren über ganz al-Andalus verteilt, während die Städtebildung im Maghreb fast nur auf die

Küstenlinie beschränkt war. Mit der Gründung ihrer Hauptstädte Kairouan, Fes, Tilimsan, Marrakesch und Rabat knüpften die Herrscher über den Maghreb nicht an ein bestehendes System von Städten an, sondern schufen etwas Neues. In al-Andalus dagegen entwickelten sich die islamischen Städte aus den römischen. Bauten wurden in diesen Regionen aus verschiedenen Materialien errichtet: Stein, Ziegelstein und Holz. Dabei lebten römische und westgotische Formen weiter und wurden mit Einflüssen aus dem östlichen Mittelmeerraum zusammengebracht. Einheimische (berberische) Traditionen spielten eine Rolle in der Kleinkunst, d. h. vor allem bei Textilien und Metallarbeiten. Unter diesen Vorzeichen entstanden Meisterwerke der Kunst und Architektur; zu nennen sind vor allem die Großen Moscheen von Kairouan und Córdoba (Abb. 19, 20), spanisch-umayyadische geschnitzte Elfenbeinkästchen, die Madrasen von Fes und schließlich die Palastanlage der Alhambra in Granada (Abb. 28).

Ein ganz anderes Bild bietet sich in Ägypten dar. In der uralten Kultur des Nillandes konzentrierte sich die Produktion von Kunstwerken auf die Niloase und war ganz auf die Hauptstadt des zentral verwalteten Staates ausgerichtet. Unter byzantinischer Herrschaft hatten die Kopten (wiewohl ebenfalls Christen) im Gegensatz zur Religionspolitik des Reiches gestanden und daher eine kulturelle Selbständigkeit gepflegt, die auch unter islamischer Herrschaft fortdauerte und Teile der Kunst in Ägypten prägte. Andererseits fand auch intensiver Austausch mit benachbarten Regionen statt. Die islamischen Baudenkmäler von Kairo bezeugen, wie stark sich einheimische und fremdstämmige Eliten in der Bautätigkeit engagierten, und wie die verschiedensten Elemente schöpferisch kombiniert wurden. Die Moschee des Ibn Tulun in Kairo (datiert 876) wurde gewissermaßen als einheitlicher Entwurf aus dem Irak importiert; dagegen weisen die Moschee-Madrasen der Mamlukenzeit (1250–1517) eine große Bandbreite architektonischer Einfälle und Neuerungen auf, durch die ein bestimmter Bautyp an die Bedürfnisse der herrschenden Elite und an die Bedingungen der Kairener Stadtstruktur angepasst wurde.

In Syrien und Nordmesopotamien hatte sich aus der Spätantike ein Netzwerk von Städten erhalten, das unter muslimischer Herrschaft neue Impulse erhielt. Die Architektur des islamischen Syrien entwickelte sich aus der byzantinischen Tradition heraus. Das gilt auch für Motive und Techniken des Baudekors. Der Felsendom in Jerusalem und die Umayyadenmoschee von Damaskus (Abb. 3, Abb. 6, 7) zeigen, wie man byzantinische Elemente für Zwecke der islamischen Religion angemessen einsetzen konnte. Ein besonderes Kennzeichen der «mittelalterlichen» Architektur Syriens und Nordmesopotamiens (ab dem 11. Jahrhundert) war exakte Hausteinarbeit. Ein weiteres Spezialprodukt war Glas, das in syrischen Werkstätten hergestellt und in andere Länder exportiert wurde. Syrien und Nordmesopotamien waren somit Regionen, in denen ganz eigenständige und stilistisch einflussreiche Kunstwerke entstanden, obwohl sie (nach dem Ende der Umayyadenzeit) nicht als Zentrum eines größeren Reiches fungierten.

Auf der Arabischen Halbinsel mit ihrem dauerhaft trockenen Klima existierten nur wenige Städte. Kunst und Architektur der sesshaften Bevölkerung waren auf die größeren Oasen beschränkt. Die beiden Heiligtümer von Mekka und Medina zogen hochrangige Stiftungen an und wurden daher mit Bauwerken und Kunstgegenständen reich bestückt. Der Ursprung dieser Werke lag aber in den benachbarten Ländern. Man nimmt zwar an, dass die alljährliche Pilgerfahrt und der (je nach Sicherheitslage) bedeutende Verkehr auf den Pilgerstraßen auch einen künstlerischen Austausch ermöglichten. Allerdings residierten die großen Mäzene an anderen Orten, und es ist wohl nicht sehr wahrscheinlich, dass Künstler und Kunsthandwerker ihre Pilgerreise in der Absicht unternahmen, hier Aufträge zu ergattern.

Der Irak besaß wie Ägypten eine hoch entwickelte Landwirtschaft auf der Grundlage der Bewässerung aus einem Flusssystem. Hier gab es viele verschiedene Religions- und Volksgruppen, die ihre Traditionen in die materielle Kultur des Landes einbrachten und etwas Neues entstehen ließen. Im Einklang mit den politischen Verhältnissen und mit der geographischen Nähe waren von jeher auch iranische Elemente in diese Mischung eingeflossen. Das gilt für die Sasanidenzeit und änderte sich auch unter den Umayyaden und Abbasiden nur wenig. In der Blütezeit ihres Reiches von 750 bis 900 verwirklichten die Abbasidenkalifen ihre Vorstellungen herrscherlicher Repräsentation in neu angelegten Städten und gigantischen Palästen in Bagdad, Raqqa und Samarra (Abb. 24). Gemäß der Landesnatur wurden die Bauten fast ausschließlich aus Ziegeln oder Lehmziegeln errichtet. Dazu gehörte eine Dekorationskunst, die überall in der islamischen Welt nachgeahmt wurde. Auch die anspruchsvollen irakischen Keramiken des 9. Jahrhunderts beeinflussten die Produktion in anderen Regionen des Abbasidenreiches. Nach der mongolischen Eroberung von Bagdad 1258 kam der Irak nicht mehr über den Status einer Provinz der verschiedenen Reiche hinaus, zu denen er seitdem gehörte.

Anatolien wurde erst ab dem 11. Jahrhundert Teil der islamischen Welt, und die Balkanländer folgten noch später, mit den osmanischen Eroberungen ab dem 14. Jahrhundert. Hier bot das gemäßigte Klima gute Möglichkeiten für den Holzbau, und die Architektur wurde weniger stark durch Anlagen mit offenen Höfen geprägt als in Syrien und Mesopotamien. Seit dem 7. Jahrhundert war Konstantinopel erklärtes Ziel muslimischer Feldzüge gewesen. Als die Osmanen 1453 die Stadt eroberten, übernahmen sie auch das kulturelle Erbe von Byzanz. Damit setzte sich auch die Tradition des technisch und künstlerisch hoch entwickelten Gewölbebaues bzw. der Kuppelkonstruktion aus Ziegeln fort. Daneben flossen in der Hauptstadt des Osmanischen Weltreiches alle möglichen künstlerischen Elemente zusammen. Das geschah durch den Transport von Objekten, die als Beute oder als Geschenk an den Sultanshof gelangten, ebenso wie durch die Wanderung oder Umsiedlung von Künstlern und Handwerkern. Umgekehrt kann die Bedeutung der Hofwerkstätten des Osmanischen Reiches als stilbildende Institution kaum hoch genug eingeschätzt werden.

In Iran schien es, als sei die Tradition der Reichskunst der sasanidischen Großkönige mit der islamischen Eroberung im 7. Jahrhundert abgerissen. Sie wurde jedoch im 10. Jahrhun-

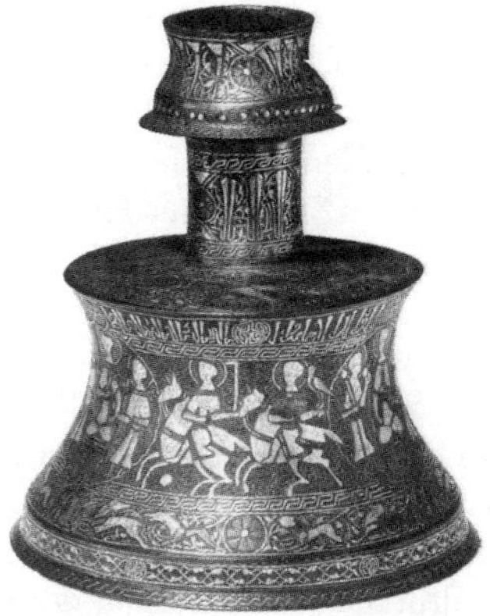

2 Kerzenständer, Bronze mit graviertem und tauschiertem Dekor, Iran, 14. Jh. Berlin, Museum für Islamische Kunst, I 566

dert wieder belebt. Alte persische Bautypen und Architekturformen wurden aufgegriffen und islamisch interpretiert. Die Metallkunst, die unter den Sasaniden hervorragende Werke hervorgebracht hatte, erlebte unter den Ghaznaviden und Seldschuken im 11. und 12. Jahrhundert einen Aufschwung. Dabei wandte man aber neue Formen und Techniken an: So wurden mehr und mehr glasierte Fliesen als Baudekor verwendet, und Bronzearbeiten verzierte man mit Einlagen aus Silberdraht und Kupfer (Abb. 2). In mancher Hinsicht kann Iran als besonders schöpferisches Zentrum der islamischen Kunst gelten, von dem Formen und Ideen in andere Regionen ausstrahlten.

Zentralasien nahm an den Entwicklungen in Iran zu einem gewissen Umfang teil. Allerdings besaßen Städte wie Marv, Buchara und Samarkand eine eigene kulturelle Tradition, die auch die Kunst islamischer Zeit mit bestimmte. In Iran und Zentralasien war die Interaktion zwischen Nomaden und sesshafter Bevölkerung ein wichtiger Faktor, nicht nur für den Austausch künstlerischer Formen, sondern auch für die Politik, was sich wiederum auf die Kunst auswirkte.

Indien spielt in der islamischen Kunstgeschichte eine Sonderrolle. Beginnend mit den Feldzügen Mahmuds von Ghazna im frühen 11. Jahrhundert kam der Subkontinent nach und nach unter die Kontrolle muslimischer Herrscher, die aus dem iranisch-zentralasiatischen Raum stammten. Die neue Herrschaft äußerte sich mehrfach in Bauten, die die Islamisierung feierten, wie die Quwwat al-Islam-Moschee in Delhi. An diesem Bauwerk fallen drei Merkmale besonders ins Auge: Die Verwendung von Spolien aus Hindutempeln mit figürlichen Reliefs, die arabischen Inschriften, die den Sieg des wahren Glaubens betonen, und das gigantische Minarett (Qutb Minar), das diesen Sieg weithin sichtbar machte (Abb. 22). Die indische Tradition der Steinmetzarbeit mit dichten, stark plastischen Reliefs trug zu einer einzigartigen Kunst bei. Auch in der Malerei existierte eine lebendige einheimische Tradition. Immer wieder wanderten aber auch Künstler aus Iran nach Indien ein. Im Verein mit der kulturellen Orientierung der indisch-muslimischen Herrscher – Persisch war die Sprache an ihren Höfen – führte dies zu einer fruchtbaren Vereinigung beider Seiten zu einem eigenen Zweig der islamischen Kunst.

Aus dieser Skizze regional verschiedener Bedingungen und Entwicklungen kann eine Unterscheidung zwischen den Gattungen der Architektur auf der einen Seite, Malerei und «Kleinkunst» auf der anderen Seite gewonnen werden. Die islamische Welt bildete vom 7. Jahrhundert bis in die frühe Neuzeit ein Netzwerk des Fernhandels aus. Es setzte gut funktionierende Verkehrswege und eine überregionale Arbeitsteilung voraus. Rohmaterialien und Fertigprodukte wurden über weite Strecken gehandelt. Dadurch konnten spezialisierte Produktionszentren, etwa für bestimmte Textilien, Luxuskeramiken oder Glas, in einer Region angesiedelt sein und andere versorgen. Feines Leinen und Baumwolle wurden in fast allen Teilen der islamischen Welt hergestellt, aber besondere Qualitäten und Spezialprodukte gab es nur in bestimmten Städten (Ägpyten war dabei führend).

In einem solchen System intensiven Austauschs könnte man erwarten, dass sich geographisch eingegrenzte Stile nur zeitweise halten konnten. Da Bauwerke nicht transportiert werden können, wäre anzunehmen, dass regionale Merkmale sich am stärksten in der Architektur bemerkbar machen. Dies ist auch bis zu einem gewissen Grade der Fall – man denke an die Baumaterialien. Andererseits wanderten auch Baumeister von einem Land zum anderen. Wenn die politischen Bedingungen günstig waren, konnten auf diese Weise künstlerische Traditionen verschmolzen werden. Das lässt sich eindrucksvoll am Beispiel Ägyptens und Syriens in der Mamlukenzeit zeigen, wo sich einzelne Werkstätten an verschiedenen Orten nachweisen lassen. Jedoch fand eine weitaus bedeutendere Verschmelzung gleich zu Beginn der islamischen Kunstgeschichte statt, wie nun gezeigt werden soll.

c) Islamische Kunst durch die Jahrhunderte

Die Alhambra in Granada, mit ihren intim wirkenden Höfen und malerischen Durchblicken, und Timurs Palast in Kish bei Samarkand, mit seinem gigantischen Portal, dessen Fliesendekor in seiner Kleinteiligkeit dennoch eine einheitliche, glänzende Oberfläche bildet, sind ein gegensätzliches Paar – die beiden Bauwerke sind zeitlich eng benachbart, aber ganz unterschiedlich gestaltet. Hier drückt sich die Binsenwahrheit aus, dass sich Geschichte und Kunstgeschichte nicht einheitlich vollziehen; man begegnet zur selben Zeit an verschiedenen Orten auch ganz verschiedenen Bauten und Objekten. Dennoch gab und gibt es gemeinsame Elemente. Viele Eigenheiten der islamischen Kunst, Typen und Modelle, die charakteristisch «islamisch» wirken, gehen auf die Anfangsphase der islamischen Kunst zurück. In späteren Epochen sind in manchen Regionen parallele Entwicklungen feststellbar, während auf anderen Gebieten und in manchen Gattungen eher regionale Sonderwege verfolgt wurden.

Anfänge

Über Kunst und Architektur in den ersten Jahrzehnten der islamischen Geschichte ist relativ wenig bekannt. Nach der Art und Weise, wie sich das islamische Gemeinwesen (die *umma*) unter dem Propheten Muhammad und während der raschen Eroberungen unter den ersten vier Kalifen bildete, ist anzunehmen, dass sich die materielle Kultur des jungen islamischen Reiches zunächst noch nicht sehr stark von der des vorislamischen Arabien unterschied. Allerdings fielen den Arabern mit der Eroberung des Irak, Syriens, Ägyptens und des Iran reiche Beutebestände zu, die ihre Haltung zur Kunst weiter prägen sollten. Die arabische Führungsschicht begann, die verschiedenen Künste und Handwerke, die in den eroberten Gebieten ausgebildet worden waren, für ihre Zwecke zu nutzen. Das legen jedenfalls die frühesten erhaltenen Bauwerke und Gegenstände der islamischen Kunst nahe.

Die Große Moschee von Damaskus (Abb. 6, 7), erbaut unter dem umayyadischen Kalifen al-Walid I. (705–715), nimmt den Platz der ehemaligen Kathedrale von Damaskus ein und nutzt die noch älteren Umfassungsmauern des römischen Jupiter-Tempel-Platzes. Drei Reihen von Arkaden, in zwei Geschossen übereinander angeordnet, bilden den weiten Betsaal, dessen Mitte von einer hohen Kuppel gekrönt wird. Die Hoffassade des Baues erhielt einen starken Akzent in Form des Giebels, der die Mittelachse bezeichnet. An der Rückwand des Saals gibt die Gebetsnische (*mihrab*) die Ausrichtung der Moschee an und rahmt den Platz des Vorbeters optisch ein. Die Ecktürme, in den unteren Teilen römischen Ursprungs, wurden wohl schon in der Umayyadenzeit für den Gebetsruf genutzt und wurden so zu Vorläufern der späteren Minarette.

Ein spezifisches Merkmal dieser Moschee ist die Zweigeschossigkeit der Arkaden. Sie ermöglichte eine Raumhöhe, für die einfache Säulen nicht ausgereicht hätten. Ausgewogene Proportionen der Stützen und Bögen blieben trotz dieser Höhe gewahrt. Den Hof fassen Portiken mit Arkaden ein, die denen des Betsaals gleichen; die Rückwände dieser *riwaq*s sind mit symmetrisch geäderten Marmorpaneelen und mit Goldmosaiken geschmückt. In diesem architektonischen Ensemble ist kein Element zu sehen, das im Syrien des 7. Jahrhunderts fremd oder neuartig gewesen wäre. Die Komposition als ganze aber wurde geschaffen, um ein arabisches Reich zu repräsentieren, das auf islamischer Grundlage errichtet worden war.

Schon vor der Umayyadenmoschee in Damaskus hatte al-Walids Vater Abd al-Malik den Felsendom in Jerusalem bauen las-

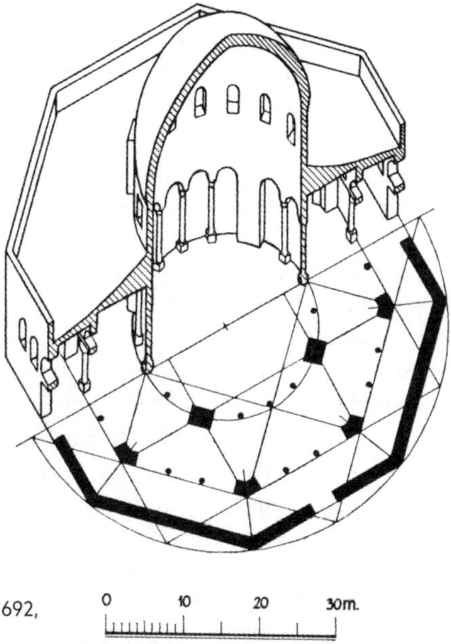

3 Felsendom, Jerusalem, 692,
Grundriss und Schnitt

sen (Abb. 3). Rein baugeschichtlich ist auch dies ein Werk der byzantinischen Tradition Syriens. Der Grundriss mit seinen konzentrischen kreisrunden und achteckigen Ringen, die Arkaden mit Rundbögen auf korinthischen Säulen, die mittlere Kuppel (eine Holzkonstruktion, die außen mit Metall verkleidet ist), marmorne Wandvertäfelungen und Glasmosaiken, die Form der Weinranken und Akanthusblätter, die den Dekor bilden – all diese Elemente kommen bereits im vorislamischen Syrien vor. Ihr spezifischer Gebrauch, die Zusammenstellung als ganze, und der Zweck des Bauwerks sind kennzeichnend für den neuen Glauben und das neu gegründete Reich.

Zwei Aspekte sind dabei zu unterstreichen: In den Sakralbauten der Umayyadenzeit wurden keine Darstellungen von Menschen oder Tieren angebracht. Offenbar war die Entscheidung zur Vermeidung von Bildern bereits gefallen, als man die Dekoration des Felsendoms entwarf. Daneben besitzt der Felsendom die älteste erhaltene islamische Bauinschrift. Darin wird Gottes Einheit, Einzigkeit, Allmacht und Ewigkeit unterstrichen und gegen die christliche Trinitätslehre Stellung bezogen. Beides zusammen sollte dem damaligen Betrachter dazu dienen, die Architektur und den Dekor des Felsendoms gemäß dessen Bestimmung wahrzunehmen, nämlich als Bekrönung eines der heiligsten Orte auf Erden, des Berges Moria, des ehemaligen Tempelberges in Jerusalem.

Auch bei den sogenannten «Wüstenschlössern» der Umayyadenzeit wurden geläufige architektonische Elemente neu zusammengesetzt, hier allerdings zu einer noch bunteren Mischung aus Stilen und künstlerischen Techniken. Die neuen muslimischen Herren Syriens scheuten keinen Aufwand, um ihre Ansprüche zu befriedigen und ihre Klientel zu beeindrucken. Als Beispiel kann der Palast von Qasr al-Hair al-Gharbi in der Steppe zwischen Damaskus und Palmyra dienen. Der quadratische Grundriss wird von dem zentralen Hof bestimmt, um den die Räume gruppiert sind. Die Außenmauer ist mit Rundtürmen an den Ecken und in den Seitenmitten besetzt. Ein älterer Turm wurde in den Palastbau mit einbezogen. Das Portal und die beiden flankierenden Halbrundtürme sind mit dichtem Stuckrelief überzogen, das an hellenistisch-römischen Baudekor erinnert, ihn aber nicht einfach kopiert. Gesimse, Säulchen, Giebel, Rahmen und Nischen sind mit geometrischen und vegetabilen (pflanzlichen) Ornamenten ausgefüllt; an einigen Stellen erscheinen auch Tier- und Menschenfiguren, Büsten und Köpfe. Als Portalrahmen wurden römische Stücke wiederverwendet, die mit Weinranken geschmückt sind. Im Innern setzt sich der Dekor aus Stuck und steinernen Reliefs fort. Außerdem fanden sich hier großformatige Fußbodenmalereien mit Motiven, die offensichtlich aus antik-hellenistischen Themen abgeleitet waren – so etwa eine Personifikation der Fruchtbarkeit, die ein Tuch voller Früchte vor sich hält. Die Darstellung eines Reiters, der im Galopp einen Pfeil abschießt, stammt dagegen aus der sasanidischen Bildwelt. Die beiden Bilder sind so verschieden ausgeführt, dass man sie kaum derselben Hand zuschreiben kann.

Die Kombination verschiedener Techniken und Motive, die Wiederverwendung älteren Materials und die Herkunft der Künstler aus verschiedenen Regionen – dem Mittelmeerraum und dem iranischen Bereich – sind typisch für die Kunst der Umayyadenzeit. Elemente aus den verschiedenen Kulturkreisen, die im arabisch-islamischen Reich vereint waren, fügten sich zu etwas Neuem zusammen. Auch wenn die verschiedenen Stile in der Umayyadenzeit nicht miteinander verschmolzen, sondern noch nebeneinander standen, zeigt sich doch der eigene Charakter der neuen Kunst.

Abbasidische Reichskunst (8.–10. Jahrhundert)

Mit der Verlegung der Reichszentrale in den Irak unter den ersten Abbasidenkalifen wandelte sich auch die Produktion von Kunst. Mit der Gründung von Bagdad als einer Rundstadt mit dem Palast im Mittelpunkt wurden die Vorstellungen der Abbasiden umgesetzt, die sich als universale Herrscher im Zentrum eines streng geordneten Kosmos sahen. Dieser Baugedanke orientierte sich am Vorbild der persischen Großkönige. Die gigantischen Dimensionen von Bagdad wurden noch übertroffen durch die Palaststadt von Samarra, die die Kalifen im 9. Jahrhundert gründeten. Ein kilometerlanges Areal bebaute man mit Palästen für den Kalifen und seine Familie (Abb. 24), mit Kasernen für die Truppen und Privathäusern für Offiziere, mit Märkten, Bädern und Moscheen. Die Große Moschee von Samarra zeigt typisch irakische Merkmale: Das weite Rechteck der Anlage wird von hohen Ziegelmauern eingefasst. Aus Ziegeln gemauerte Pfeiler trugen das flache Dach. Vor der Moschee, in einer Linie mit ihrer Mittelachse, steht das Minarett, das sich als spiralförmige Rampe in die Höhe windet. In den Palastbauten und in den vornehmen Häusern sind große Wandflächen mit Stuckreliefs dekoriert. An einigen Stellen verwendete man auch glasierte Fliesen als Wandverkleidung. Die Pracht von Samarra war nur kurzlebig, weil die Kalifen ihre Residenz nach sechzig Jahren wieder aufgaben. Ohne sie wäre das Bild von der Kunst der Abbasidenzeit aber sehr lückenhaft, weil vom abbasidischen Bagdad des 8. bis 10. Jahrhunderts so gut wie nichts übrig geblieben ist.

Technische und künstlerische Innovationen sind kennzeichnend für die Keramik des abbasidischen Irak. Seit der griechischen Vasenmalerei war dies wohl das erste Mal, dass das künstlerische Potential dieser Gattung derartig ausgeweitet wurde. Mit der neuartigen Zinnglasur, die einen weißen Grund bildete, konnte eine Schale oder ein Teller als Malgrund für die verschiedensten Farben gebraucht werden. So hatte in der Samarra-Zeit die Kombination von Kobaltblau auf weißem Grund ihren ersten Auftritt in der Geschichte der Keramik. Eine andere große Erfindung dieser Zeit war die Lüstermalerei, bei der die Farben einen metallischen Glanz erhalten (Abb. 11 b). Die Motive der abbasidischen Keramik tendieren stark zur Abstraktion – selbst wenn Menschen oder Tiere zu erkennen sind, erscheinen sie nicht «natürlich» bewegt oder plastisch, sondern eher als «Kürzel», beinahe wie Symbole. Arabische Inschriften sind häufige Gestaltungselemente. Letzteres trifft auch auf andere Gattungen des Kunsthandwerks zu, wie etwa Holzarbeiten oder Textilien.

In allen Werkstoffen sind in der Abbasidenzeit ähnliche Entwicklungen des Stils und der Motive zu beobachten. Die Wein- und Blattranken der Umayyadenzeit wurden nun von abstrakteren Ornamenten verdrängt, in denen geometrische Formen eine wichtige Rolle spielen. Besonders charakteristisch für die Samarrazeit ist der sogenannte «Schrägschnittstil»: Das Material wurde in einem spitzen Winkel und in fortlaufenden Linien ausgehoben, woraus sich Formen ergeben, zwischen denen kein Hintergrund übriggelassen wird. Ein anderer typischer Oberflächendekor bestand aus geometrisierten Ranken mit Blättern in starker Stilisierung.

Beispiele aus Ägypten, Nordafrika und dem iranischen Raum zeigen, dass der Stil der abbasidischen Hauptstadtregion, des Irak, auch in die Provinz gelangte – sei es durch Statthalter, die den Kalifenhof nachahmen wollten, sei es durch wandernde Künstler und Handwerker. Die lüsterbemalten Fliesen in der Großen Moschee von Kairouan im heutigen Tunesien (2. Hälfte 9. Jahrhundert) wurden wenigstens zum Teil aus dem Irak importiert, um die Gebetsnische dieser schon damals als altehrwürdig angesehenen Moschee zu umrahmen (Abb. 9). Die Moschee des Ibn Tulun in Kairo wurde getreu nach dem Vorbild von Samarra gestaltet. Und die Große Moschee von Nayin in Zentraliran ist mit einem Stuckdekor ausgeschmückt, der die aus dem Irak bekannten Elemente in freier Art und Weise verwendet. Andere Beispiele wie hölzerne Kanzeln oder Stuckdekor des 10. und 11. Jahrhunderts zeigen, wie weit verbreitet und langlebig der abbasidische Stil von Samarra war.

Regionale Kunstzentren (11.–15. Jahrhundert)

Der Zerfall des Abbasidenreiches ging mit dem Wandel von einer zentralistischen zu einer regionalen Kunst- und Handwerksproduktion einher; der Geschmack wurde nicht mehr allein vom Kalifenhof bestimmt. In einigen Gebieten hatten sich noch im 9. Jahrhundert Dynastien von Gouverneuren selbständig gemacht, waren aber weiterhin Anhänger des Kalifats – eine politische Haltung, die ihren künstlerischen Ausdruck darin fand, dass der Kalifenhof in kleinerem Maßstab nachgeahmt und dessen Stil um einheimische Elemente angereichert wurde. Als Beispiel kann das Mausoleum der Samaniden in Buchara gelten, in dem Fürsten dieser Dynastie bestattet wurden. Vom Bautyp her gehört es zu den islamischen Memorialbauten (errichtet zum Gedenken an bestimmte Persönlichkeiten oder Ereignisse), deren Reihe vom Felsendom in Jerusalem angeführt wird; aber einige Merkmale der Architektur und vor allem des Dekors können nur aus der lokalen Tradition erklärt werden. Besonders charakteristisch sind die Ziegelmuster, die ganz aus dem Material heraus gestaltet sind.

Andere Dynastien entwickelten sich unabhängig von den Abbasidenkalifen oder gar in Opposition zu ihnen. Die bedeutendsten unter ihnen waren die Fatimiden, die in Ägypten und Syrien herrschten. Kulturell gehörte das Fatimidenreich überwiegend zum Mittelmeerraum. Dementsprechend entwickelten sich wichtige Merkmale fatimidischer Kunst und Architektur aus der umayyadischen Tradition in Ägypten und Syrien – wobei neue Elemente hinzukamen: Neben dem vegetabilen Ornament, das auf umayyadische Weinranken zurückgeht, traten

Arabesken auf – stark geometrisierte, verflochtene Ranken mit gegabelten Blättern, die sich als typisch «islamisches» Ornament durchsetzten (Abb. 32). Ein weiteres Element war das Zellenwerk des *muqarnas*, das an Gesimsen und Nischen von Gebäuden dekorative Wirkung entfaltete (Abb. 5, 10). Selbst wenn frühe Beispiele aus dem fatimidischen Kairo erhalten sind, lag der Ursprung beider Elemente vermutlich weiter im Osten.

Türkischstämmige Dynastien, die in der Osthälfte der islamischen Welt an die Macht kamen – zu nennen sind vor allem die Ghaznaviden im heutigen Afghanistan und die Seldschuken in Iran, Syrien und Anatolien –, veränderten die politische Landschaft ab dem späten 10. Jahrhundert. Inwiefern sie auch die Kunst direkt beeinflussten, ist noch nicht hinreichend erforscht. Die Ghaznavidensultane ließen in ihrer Haupstadt Ghazni einen großen Palast bauen, von dem bedeutende Reste ausgegraben wurden. Der zentrale rechteckige Hof wird von vier Trakten nahtlos eingefasst. Die Seitenmitten sind jeweils durch einen *iwan* betont – einer gewölbten, zum Hof hin offenen Halle; dieses Bauelement stammt aus der Tradition iranischer Wohn- und Herrschaftsarchitektur. Die Hofwände waren unten mit Marmorpaneelen verkleidet, auf denen ein Relief aus vegetabilen und geometrischen Ornamenten von einer Kufi-Inschrift in persischer Sprache eingefasst wurde (Abb. 4). In diesem Dekor sind typische Merkmale der Kunst des 11.–12. Jahrhunderts zu sehen: Eine Folge gebuchteter Blendbögen wird von Ranken aus Gabelblättern überlagert. Den Rhythmus des Ganzen bestimmt ein streng geometrisches Schema, wobei die Einzelformen mit ihren schwingenden Kurven elegant wirken. Die Gabelblätter und Ranken sind kaum noch als pflanzliche Elemente identifizierbar, während die Schrift ihrerseits mit Blättchen verziert ist. Alle Teile gehen durch ihre ähnlichen Stärken und Zwischenräume in die einheitliche, aber bewegte und beinahe verwirrende Gesamtwirkung ein.

Aus dem ostiranischen Bereich ist eine große Zahl von Bronze- bzw. Messingobjekten des 11. bis 13. Jahrhunderts bekannt. Ihr künstlerischer Rang reicht vom bescheidensten Öllämpchen für den Alltagsgebrauch bis zum großartigen, meterhohen Lam-

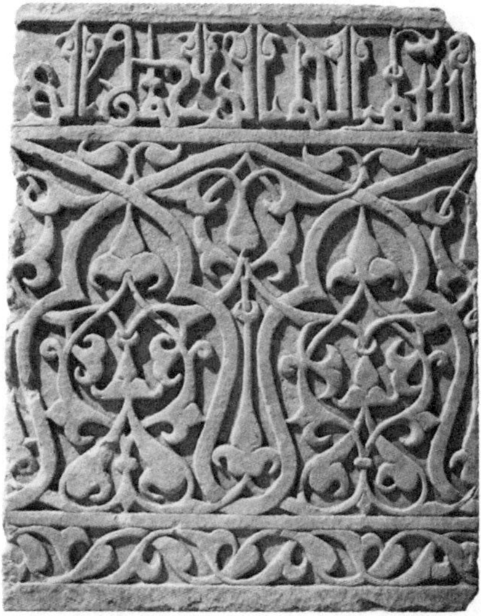

4 Marmorpaneel aus dem Palast Mas'uds III., Ghazni (Afghanistan), frühes 12. Jh. Rom, Museo Nazionale d'Arte Orientale, inv. C2890

penständer, der eher der Repräsentation als einem konkreten Zweck diente. Darin zeigt sich ein Niveau der materiellen Kultur, auf dem künstlerisch gestaltete Gegenstände nicht allein im Haushalt des Fürsten zu finden waren, sondern auch für wohlhabende Kaufleute hergestellt wurden. Verschiedene Techniken wurden angewandt, um die Oberfläche von Tellern, Schalen, Kannen, Weihrauchgefäßen und anderen Gegenständen zu verzieren: Man gravierte und punzte, hämmerte und trieb das Metall. Besonders spektakulär wirkten Silber- und Kupfereinlagen (Tauschierung), die sich ab dem 12. Jahrhundert verbreiteten. Zum Dekor dieser Gegenstände gehört eine reiche Bilderwelt von Tierfriesen, Fabelwesen und astrologischen Zeichen (Abb. 2). Wahrscheinlich sollten diese Bilder zum einen dem Besitzer Glück bringen und zum anderen den Gegenständen einen Hauch von Luxus verleihen.

In mancherlei Hinsicht ist die Metallkunst ein typisches Beispiel für die Kunst der Seldschukenzeit (Mitte 11. bis Mitte 13. Jahrhundert). Es scheint beinahe paradox, dass die Kunst Irans sich gerade unter einer Dynastie türkischen Ursprungs zu einer nie dagewesenen Fülle entwickelte. In der Architektur ebenso wie in der «Kleinkunst», etwa Metall- und Holzarbeiten oder Keramik, kamen eine breite Palette von Techniken und eine Fülle von Motiven zu hoch perfektionierter Anwendung (Abb. 11 a). Anscheinend gab es einen entwickelten Markt für künstlerisch anspruchsvoll gestaltete Gegenstände, der zwar vom höfischen Bereich angetrieben wurde, aber darüber hinaus breitere Schichten der Gesellschaft umfasste. Die Kunstproduktion steigerte sich auch vom Umfang her und war in mehreren Zentren lokalisiert – Marv, Nishapur, Rayy und Isfahan sind zu nennen. In Anatolien und Syrien war das Bild mindestens ebenso facettenreich. Auch hier fungierten mehrere kleinere Fürstenhöfe als Förderer der Künste. Regionale Aspekte bestimmten den Charakter der Kunst, vor allem der Architektur, in diesen Ländern.

Die Seldschuken betrieben in ihrer Rolle als führende Dynastie der islamischen Welt eine explizit pro-sunnitische Religionspolitik. Dies hatte Konsequenzen nicht nur für ihre Selbstdarstellung an den Höfen von Bagdad und Isfahan – von der erstaunlich wenig materielle Spuren erhalten sind –, sondern auch in der Förderung religiöser Einrichtungen. Die Sultane nutzten die Institution der *madrasa*, der juristisch-theologischen Hochschule, nicht nur als Instrument, um «häretische» Ansichten zu bekämpfen, sondern auch zur Ausbildung einer loyalen Schicht von Schreibern und Verwaltern. Daher entwickelte sich für diese Madrasen ein charakteristischer Bautyp, der sich von Iran über Anatolien, Syrien, Ägypten und Nordafrika verbreitete. Sehr häufig sind dabei verschiedene Bauteile um einen Innenhof gruppiert, darunter ein Betsaal und Wohnzellen. Den Platz auf der Mittelachse nimmt oft ein Iwan ein. In ganz ähnliche Richtung wandelte sich auch die Bauform der Moscheen in Iran: Pfeilerhallen, die bislang vorherrschend waren, wurden nun durch Iwane in den Hofachsen und durch große Kuppelräume vor dem Mihrab bereichert (Abb. 15, 16). Zusammen mit den schlanken Minaretten, die sich allgemein verbreiteten, entstand so ein neuer Typ der Moschee. Der Kuppelraum als eines ihrer wesentlichen Elemente sollte von nun an ihr Bild bestimmen.

Die mongolische Eroberung Irans und weiter Teile des Vorderen Orients im 13. Jahrhundert ist nicht mit Zerstörung und Ausplünderung gleichzusetzen. Die Mongolenherrscher in Iran waren geschickte Organisatoren und machten sich die islamische Religion und Kultur zu eigen. Viele Elemente der Kunst und Architektur wurden verfeinert und weiterentwickelt. So wurde die Buchmalerei zu einem der bevorzugten Felder der Kunstförderung. Aus der Tradition spätantiker Buchillustration, die vor allem in wissenschaftlichen Werken zu sehen war, hatten schon die Maler des 12. und frühen 13. Jahrhunderts einen Modus entwickelt, vielfigurige Szenen in einer kulissenartig aufgebauten Landschaft bzw. Architektur zu plazieren. Die Malerei des 14. Jahrhunderts hob diese Vereinigung von Szenen mit ihrer natürlichen oder gebauten Umgebung auf eine neue Stufe, auf der auch Bewegungen und Stimmungen ausgedrückt werden konnten (Abb. 18). Thematisch konzentrierte sich die Buchmalerei auf das iranische Nationalepos des «Shahname». Tabriz und Shiraz waren die Zentren der Buchmalerei, in denen auch in der anschließenden Epoche Meisterwerke entstanden.

Kunst unter den Timuriden und in den Reichen der frühen Neuzeit (15.–18. Jahrhundert)

Die verheerenden Feldzüge Timurs bezeichnen einen epochalen Einschnitt in der Geschichte der islamischen Kunst. Der Welteroberer «sammelte» nicht nur Länder der islamischen Welt, um sie in sein Reich einzubinden, sondern nahm aus den eroberten Städten auch Künstler und Handwerker mit und ließ sie nach Samarkand bringen, wo ihre Werke seinen Ruhm erstrahlen lassen sollten. Auch wenn sich Timurs Reich als kurzlebig erwies, fand seine zentralistische Kunstpolitik eifrige Nachfolge. Hofwerkstätten waren nach Timurs Tod in den Residenzen seiner Nachfolger in Samarkand, Herat, Shiraz und Tabriz aktiv. Schon früher hatte es Hofkünstler und Handwerker gegeben, die nur im Auftrag des Herrschers arbeiteten. Doch die Art und Weise, wie nun Entwürfe zwischen den Werkstätten ausgetauscht und aufeinander abgestimmt wurden, war neu. Von

Bucheinbänden über Kleider bis hin zu Zelten und zum Fliesenschmuck an Gebäuden umfassten sie die verschiedensten Kunstgattungen und Werkstoffe. Der Geschmack der herrschenden Schicht bildete sich an den Produkten dieser Werkstätten, in denen die führenden Künstler der Zeit ausgebildet wurden. Diese Konzentration künstlerischer «manpower» war ganz offensichtlich produktiv: Die Feinheit und Eleganz timuridischer Zeichnungen und Gemälde, Textilien und Metallarbeiten wird von den Erzeugnissen anderer Epochen kaum erreicht.

In der Architektur wandelte sich das Geschehen bald von den gigantischen Bauprojekten, die Timur in und um Samarkand in Auftrag gegeben hatte, zu etwas gemäßigteren Dimensionen. Der Architekt Qivam ad-Din Shirazi schuf Meisterwerke, in denen die Proportionen der Räume sorgfältig aufeinander abgestimmt waren und bei denen der kreative Einsatz schlanker, sich überkreuzender Bögen einen neuen Gewölbetyp ergab. Für das farbige und glänzende äußere Bild wurden die Bauten mit einem Mosaik aus glasierten Fliesensegmenten verkleidet.

Zur gleichen Zeit erlebten Ägypten und Syrien unter der Herrschaft der Mamluken eine ebenso reiche Aktivität in der Kunst, vor allem in der Bautätigkeit der Sultane und ihrer hochrangigen Offiziere und Würdenträger, die religiöse Stiftungen und Privatpaläste errichten ließen. Ein Hauptmerkmal der mamlukischen Bauten ist die beeindruckende Steinmetzarbeit des Quadermauerwerks und seiner plastischen Dekoration. Fast immer sind die Portale mit reichen Profilen gerahmt und mit Zellenwerk (*muqarnas*) überwölbt (Abb. 14). Kuppeln und Minarette in verschiedener Gestalt überragen die Bauten; sie sorgten für lebendige Silhouetten der Städte, in denen sich die öffentlichen Bauten deutlich abzeichneten (Abb. 22).

Mit der Eroberung von Konstantinopel durch das osmanische Heer 1453 trat Sultan Mehmed II. ein doppeltes Erbe an. Neben ihrer Rolle als Vorkämpfer des Islam wuchsen die Osmanen mit ihm in die Nachfolge des byzantinischen Reiches hinein. Mehmed machte Konstantinopel-Istanbul zu seiner Hauptstadt und investierte in ihre vernachlässigte Infrastruktur. Die Sultansresidenz auf der Landspitze zwischen Bosporus und

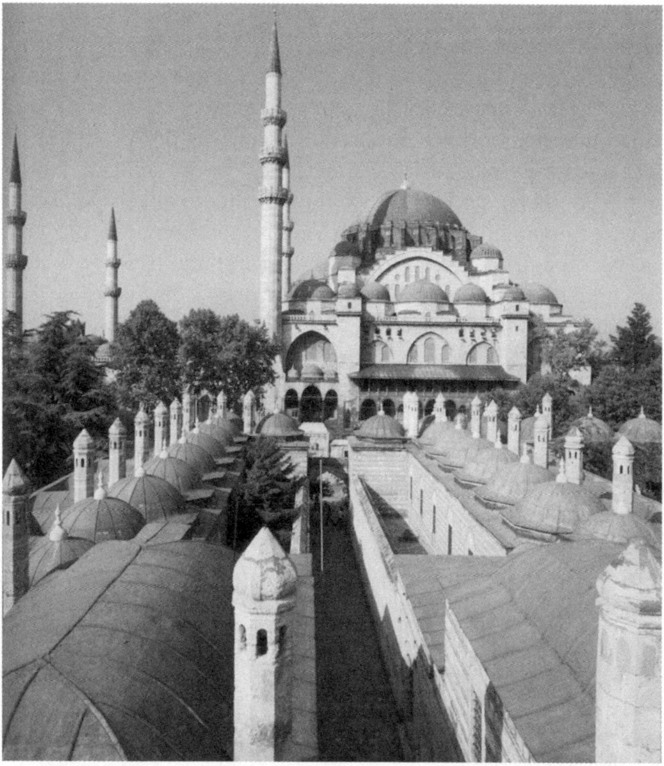

5 Süleymaniye-Moschee, Istanbul, 1550–1556, Ansicht von Südwesten

Goldenem Horn wurde neu geschaffen, ebenso der groß angelegte Komplex seiner Freitagsmoschee mit den umliegenden Madrasen, Hospizen und Konventen, einer Bibliothek und einer Armenküche. In den nachfolgenden Jahrhunderten ließen die Sultane und Angehörige des Hofes ähnliche Stiftungskomplexe bauen, die Istanbul das Gesicht einer islamischen Stadt gaben.

Die Architektur der osmanischen Moscheen kann als Ergebnis einer Verschmelzung gelten, bei der ein anatolisch-türkischer Moscheetyp, die Einkuppelmoschee, mit der byzantinischen

Tradition des Gewölbe- und Kuppelbaues vereint wurde. Die osmanischen Baumeister konstruierten Moscheebauten, in denen eine Hauptkuppel dominiert – ähnlich wie bei der byzantinischen Hauptkirche, der Hagia Sophia; dabei erzielten sie aber einen gänzlich anderen Eindruck. Sinan war der produktivste und kreativste osmanische Baumeister. In den fünfzig Jahren seines Wirkens als Reichsarchitekt gestaltete er das Stadtbild von Istanbul um. An seinen drei Sultansmoscheen lässt sich eine Entwicklung von einem eher ornamental-additiven zu einem vereinheitlichten Ansatz ablesen, bei dem jede Einzelheit zur Wirkung des Ganzen beiträgt (Abb. 5). In seinen vielen kleineren Moscheen experimentierte er mit Typen und Formen und probierte, wie die zentrale Hauptkuppel mit verschiedenen Kombinationen von Pfeilern, Wänden und Halbkuppeln gestützt werden konnte. Jedes einzelne dieser Werke ist in sich geschlossen und bietet neue Ideen (Abb. 31).

Die Ausstattung osmanischer Moscheen war eng verknüpft mit der Keramikindustrie von Iznik. Aus dieser Kleinstadt in Nordwest-Anatolien kamen tausende glasierter Fliesen nach Istanbul. Ihre lebendigen Farben und ihre elegante Zeichnung waren von jeher auch bei Sammlern geschätzt. Im späten 15. Jahrhundert begannen die Werkstätten in Iznik mit der Herstellung hochwertiger Keramik. Zunächst waren dies blau-weiße Kannen, Teller und Schalen, deren Dekor timuridischen Entwürfen folgte. Auch chinesisches Porzellan ahmte man nach. In den anschließenden Jahrzehnten fand eine bemerkenswerte Entwicklung statt, in der Techniken und Motive der Iznik-Keramik sich rasant erweiterten. Das Ergebnis war ein eigener Iznik-Stil, in dem verschiedene Arten von Blumen und phantastischen Pflanzenmotiven mit Wolkenbändern und anderen Motiven kombiniert sind, die teilweise aus China stammten (Abb. 30). Die zugrundeliegende geometrische Ordnung wird dabei nicht explizit gemacht. Später beeinflusste der Iznik-Stil, der den timuridischen Hofwerkstätten vieles verdankte, wiederum die Dekorstile in Iran.

Die Safaviden regierten Iran von 1501 bis 1722. Als Shah Abbas I. gegen Ende des 16. Jahrhunderts die Hauptstadt nach

Isfahan verlegte, begann dort ein Neubauprogramm, das die ganze Stadt nach neuen ästhetischen Prinzipien umgestaltete. Der weiträumige Hauptplatz (*meydan*) wird von einheitlichen Bogenstellungen eingefasst, zwischen denen öffentliche Bauten Akzente setzen: zwei Moscheen, das Bazartor und das Hauptportal des herrscherlichen Palastes. Damit konnte der Platz als Zentrum städtischen Lebens dienen und richtete zugleich die Stadt am Hof und seiner Ordnung aus.

Die Safaviden betrieben eine Religionspolitik, in der die Schia zum staatlich propagierten Bekenntnis wurde. Dennoch machen Architektur und Baudekor deutlich, dass auch unter den Safaviden der Hof und die Moschee getrennte Welten bildeten, was künstlerische Formen angeht. In Isfahan war der Palastbezirk streng von der übrigen Stadt abgeteilt. Einige der reich ausgestatteten Pavillons folgten einem timuridischen Typ des Zentralbaues. Wandmalereien stellen Höflinge und ländliche Szenen mit Paaren beim Picknick und in galanter Konversation dar. Daneben gibt es vegetabilen Dekor, häufig belebt mit Vierbeinern und Vögeln. Im Gegensatz dazu ist die Ausstattung der Moscheen natürlich bildlos. Große Flächen sind mit Fliesenmosaik oder mehrfarbigen Unterglasur-Ziegeln bedeckt. Inschriften, geometrische und pflanzliche Motive erscheinen in Blauweiß, Braunrot, Grün und Gelb.

Unter den Safaviden spielte die Buchkunst wie bereits zuvor eine herausragende Rolle. Die Praxis der Hofwerkstätten wurde fortgesetzt, und große Gruppen von Kalligraphen und Malern wurden beschäftigt, um anspruchsvolle Bücher aufs Feinste auszustatten. Der berühmte Maler Behzad wurde von Herat nach Tabriz geholt, um in der königlichen Werkstatt Aufsicht über die Herstellung von Büchern zu führen. Das Resultat waren Meisterwerke, die für Shah Tahmasp persönlich angefertigt wurden. Außerhalb des höfischen Bereichs wurden wertvolle Bücher für den Markt hergestellt. Hierbei spielten die Malwerkstätten von Shiraz eine führende Rolle. Besondere Merkmale der safavidenzeitlichen Malerei sind die erzählerische Lebendigkeit, die sich in den vielfigurigen Szenen mit subtilen Bezügen ausdrückt, und eine poetische und dramatische Auffassung von

Landschaft (Abb. 35). Feine Zeichnung und leuchtende Farben gehören zu den hervorragenden Qualitäten der safavidischen Buchmalerei.

Indien wurde mit dem Aufstieg des Moghulreiches im 16. Jahrhundert ein wichtiger Teil der islamischen Welt. Kulturell wurde es stark von Iran beeinflusst: So blieb das Persische an den indo-islamischen Höfen bis ins 19. Jahrhundert Schriftsprache. Dennoch überdauerten auch hier regionale Traditionen und prägten die Kunst Indiens in der Moghulzeit. Als Beispiel kann das großformatige «Hamza-Name» gelten, Produkt einer großen Hofwerkstatt unter dem Kaiser Akbar aus dem dritten Viertel des 16. Jahrhunderts. Die Illustrationen des Epos verbinden einige Merkmale persischer Buchkunst mit indischen Elementen: Die großformatigen Abbildungen sind auf Stoff gemalt, und der voluminöse Figurenstil verrät ebenfalls die Anlehnung an manche einheimischen Darstellungen.

Eine ähnliche Art hybrider Verschmelzung des internationalen timuridischen Stils mit regionalen Elementen kann man in der Moghul-Architektur sehen. So wurden Steinmetze aus der neu eroberten Provinz Gujarat, die für ihre feinen, durchbrochenen Arbeiten bekannt waren, beim Bau von Fathpur Sikri beschäftigt, der von Akbar für sich und seinen Hof 1571 gegründeten «Siegesstadt». Schon einige Jahre zuvor hatte Akbar das Mausoleum für seinen Vater Humayun in Delhi in Auftrag gegeben (Abb. 36). Sein Grundriss hat starke Ähnlichkeit mit dem eines timuridischen Pavillons, bei dem acht Räume um einen zentralen Saal angeordnet sind. Ebenso wie dieses «acht Paradiese» (*hash bihisht*) genannte Schema deutet auch die Lage des Grabbaues im Zentrum eines viergeteilten Gartens auf das paradiesische Jenseits hin. Zugleich kann die große Mittelkuppel auf iranische Grabbauten zurückgeführt werden. Der Bautyp des Humayun-Mausoleums erscheint zwar vollkommen persisch, aber bei der Bautechnik, bei der rötliche Sandsteinquader mit weißem Marmor abwechseln, handelt es sich um eine indische Tradition. Das Taj Mahal, das der Moghulkaiser Shah Jahan 1632–1648 als Grabbau für seine Frau Mumtaz Mahall errichten ließ, folgte demselben Bautyp, der allerdings

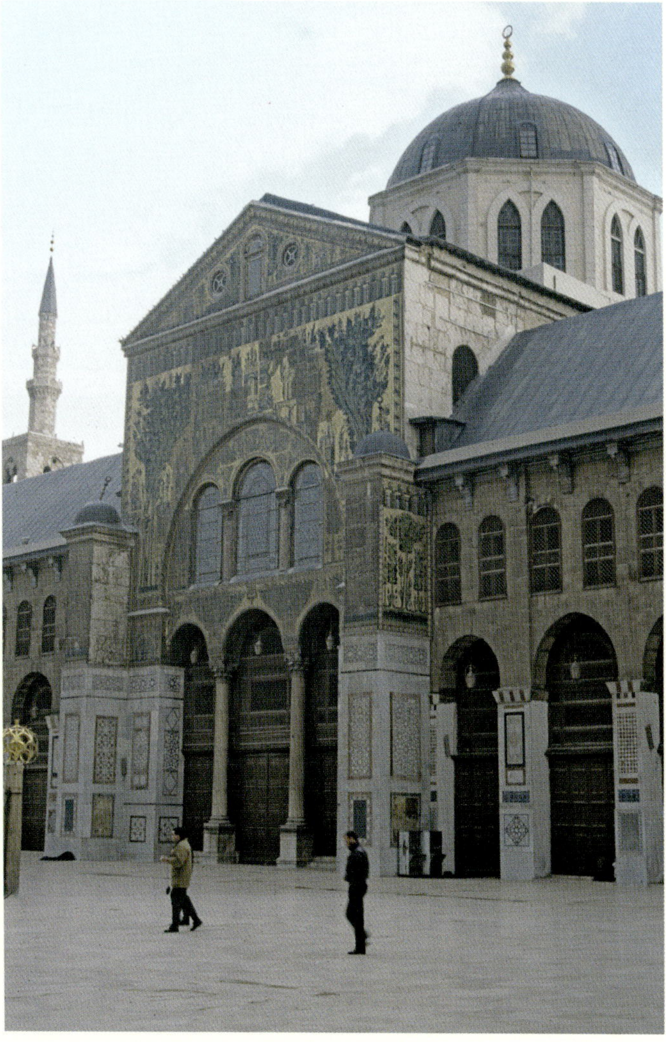

6 Umayyadenmoschee, Damaskus (Syrien), um 705–715: Hoffassade mit Transept

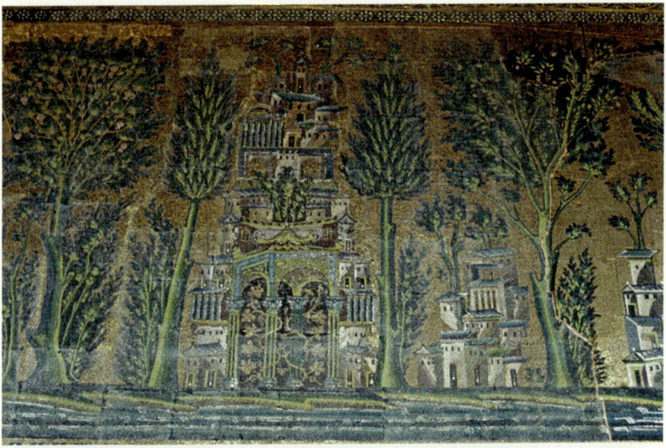

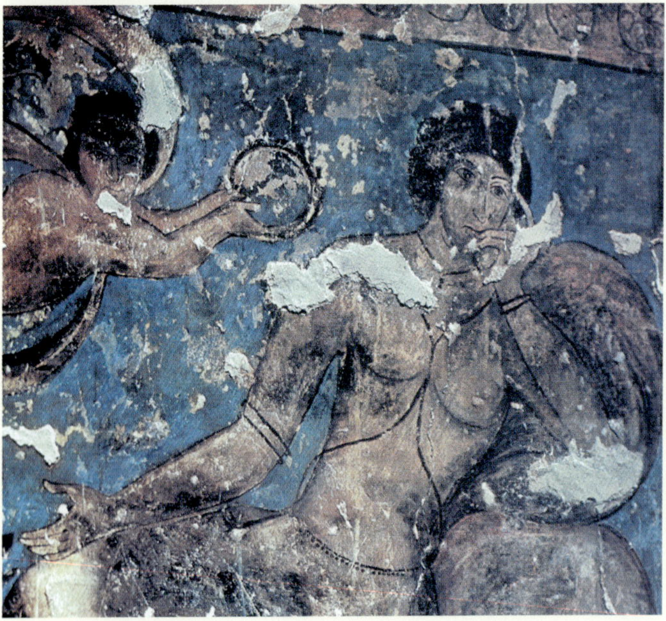

7 (oben) Umayyadenmoschee, Damaskus (Syrien), um 705–715: Wandmosaik des Hofriwaqs (Ausschnitt)
8 (unten) Dame und Genius. Wandbild, Qusair Amra (Jordanien), 1. Hälfte 8. Jh.

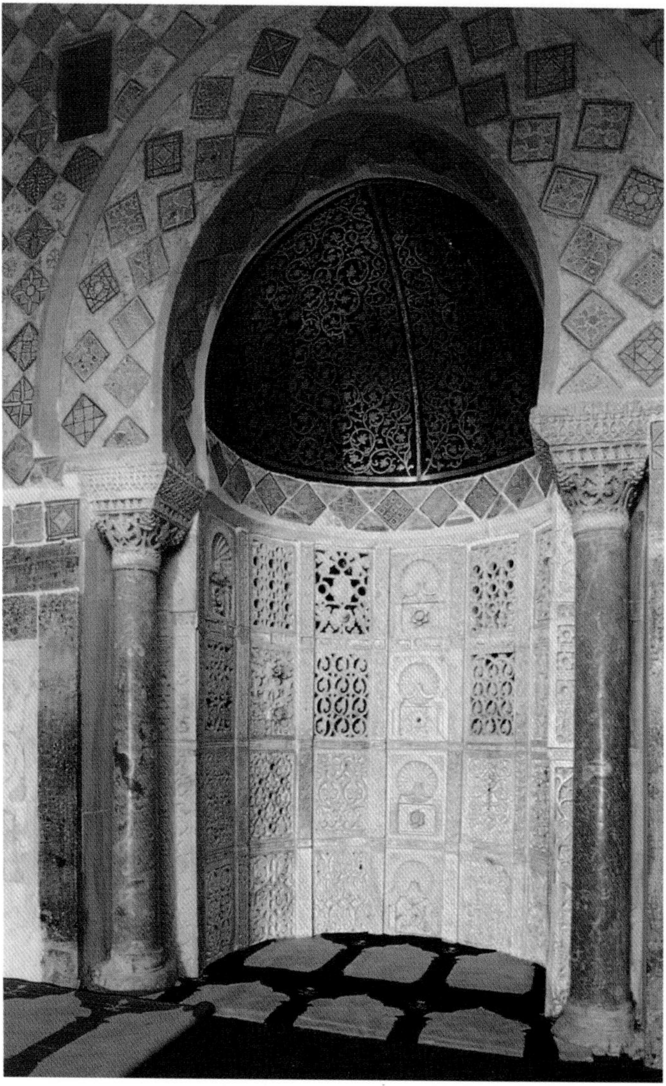

9 Große Moschee, Kairouan (Tunesien), um 836, Mihrab

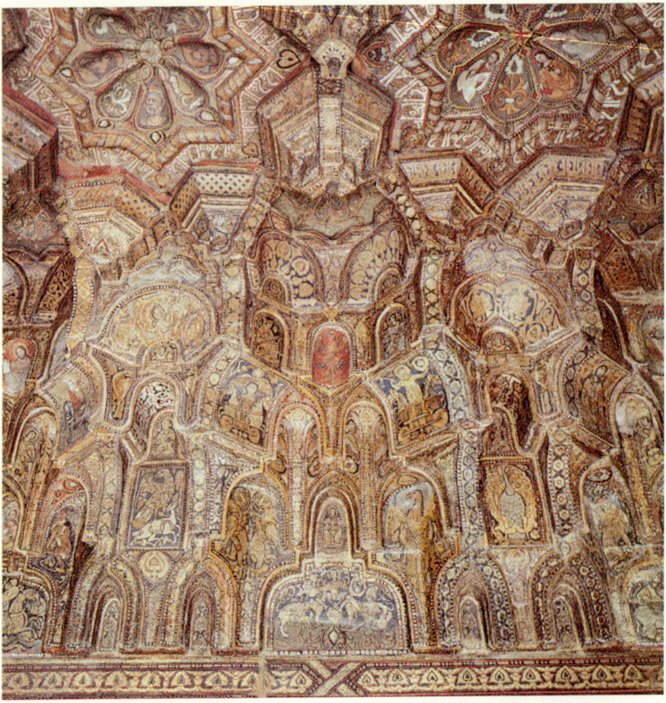

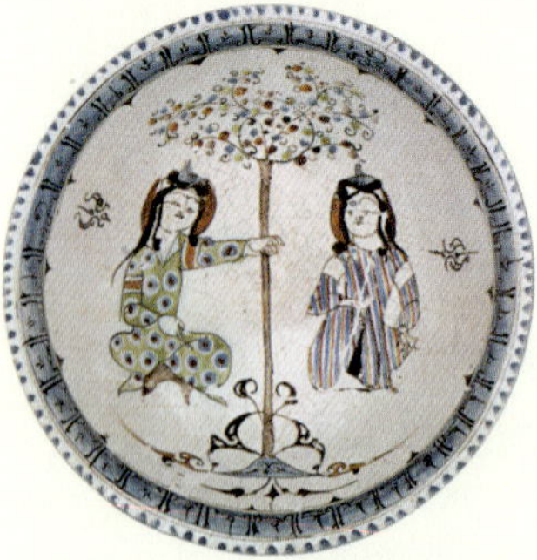

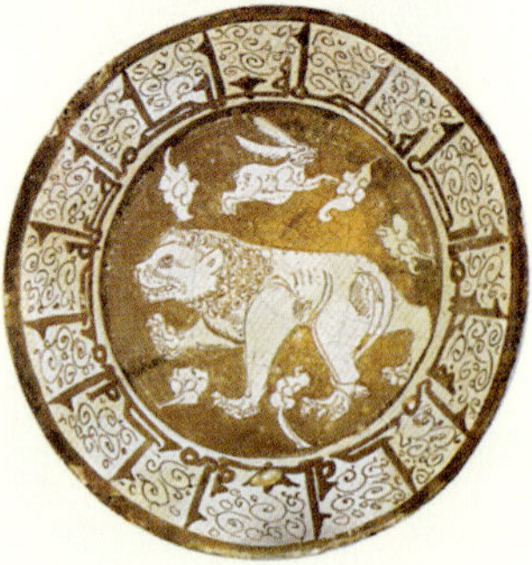

10 Cappella Palatina, Palermo, Decke des Mittelschiffs, Mitte 12. Jh. (Detail)
11a Schale mit Aufglasurbemalung, Iran, frühes 13. Jh. Kuwait, Nationalmuseum
11b Schale mit Lüsterbemalung, Ägypten, 11. Jh. Kuwait, Nationalmuseum

in eleganteren Proportionen und in höchster Perfektion der weißen Marmorflächen mit schwarzen Einlagen verwirklicht wurde.

Der bis hier schon sehr geraffte chronologische Überblick hat an dieser Stelle einen Zeitpunkt erreicht, an dem radikal gewandelte äußere Bedingungen der Kunst und Architektur der islamischen Welt eine völlig neue Richtung aufzwangen – oder ihr ganz neue Möglichkeiten boten. Beginnend im 18. Jahrhundert machte sich die wachsende politische Macht Europas nach und nach in Nordafrika, im Vorderen Orient und in Südasien bemerkbar. Nicht überall geschah dies in Gestalt unmittelbarer Kolonialherrschaft wie in Indien und Algerien, ging aber immer mit tiefgreifendem Kulturwandel einher. Kaum eine Region in der islamischen Welt blieb von der materiellen Kultur Europas verschont. Manufakturprodukte verdrängten das einheimische Handwerk aus weiten Teilen der Bazare, europäische Moden bestimmten Kleidung und Bücher, Fassaden und Wohnräume. Andererseits griffen die «Orientalismen» in der europäischen Kunst bereitwillig «islamische» Formen und Motive auf, die mit dem exotischen Image des Orients verquickt waren.

Nationale Bewegungen in der arabischen Welt, in der Türkei und in Iran wirkten sich vor allem im frühen 20. Jahrhundert auf Kunst und Architektur aus. Die technische und gesellschaftliche Modernisierung der islamischen Welt ging mit einer neuen Wahrnehmung der Vergangenheit einher. Beide Tendenzen wirken bei der Herausbildung einer neuen Identität zusammen.

d) Islamische Kunst verstehen

Insgesamt bietet die Geschichte der islamischen Kunst über 1400 Jahre eine gewaltige Breite von Gattungen und Formen, in denen Inhalte, Werte und Einstellungen künstlerisch ausgedrückt werden konnten. Es wäre seltsam, wenn über diese Zeitspanne eine «islamische Essenz» in der islamischen Kunst feststellbar wäre, die gewissermaßen aus den Eigenschaften aller möglichen Werke herausgefiltert werden könnte. Dazu waren die Kulturen der islamischen Welt, die Ausprägungen von Politik und Religion zu verschieden (niemand würde ernsthaft versuchen, die Eigenschaften «abendländischer» Kunst über denselben Zeitraum in wenigen Sätzen zusammenzufassen).

Wenn sich im Rahmen dieser Verschiedenheit einige übergreifende Merkmale zeigen, so betreffen sie nicht einzelne Motive oder bestimmte Inhalte, sondern eher Strukturen – die Art und Weise, wie Kunst sich veränderte oder wie sie verwendet wurde. Man kann sagen, dass über weite Strecken der Geschichte islamischer Staatswesen die Ausdehnung politischer Herrschaft dazu führte, dass verschiedene Traditionsstränge miteinander verbunden wurden. Islamische Kunst konnte die Kunst «unterworfener» Gebiete und Kulturen integrieren und daraus etwas Neues schaffen. Sie war durch Jahrhunderte hindurch offen für neue Elemente, auch wenn diese zunächst als fremd empfunden wurden.

Wie in der Kunst anderer Kulturen kam es in der islamischen Kunstgeschichte zu «klassischen» Epochen; davon kann die Rede sein, wenn in der Verschmelzung verschiedener Traditionsstränge eine gewisse formale Harmonie erreicht war und damit Maßstäbe für nachfolgende Generationen gesetzt wurden. Im Hinblick auf die Bedingungen der Kunstproduktion kann man sagen, dass über lange Zeiten der Hof den Ton angab, während der Markt für die bürgerliche Kundschaft nur selten innovative Trends hervorbrachte.

Auf der Ebene der Gestaltung einzelner Objekte ist festzustellen, dass es immer wieder Motive gab, die vielseitig eingesetzt wurden. Diese universell verwendbaren Elemente lassen sich in verschiedenen Materialien und Maßstäben beobachten. Generell war die materielle Kultur der islamischen Welt an vielen Stellen von einem formalen Gestaltungswillen geprägt, der auch einfache Gebrauchsgegenstände in gefällige Formen brachte oder mit Ornamenten und Inschriften überzog. Das sogenannte «Bilderverbot» galt nur im religiösen Bereich, und nicht einmal dort konsequent. Dennoch scheint es, dass die Vermeidung von Bildern im religiösen Kontext dazu führte, dass die bildlose künstlerische Gestaltung weit entwickelt wurde. Drei Arten von Dekor sind auf Gegenständen aller Art und in jeder Epoche zu finden: pflanzliche Motive, geometrische Muster und Inschriften (Abb. 2, 4). Die häufige Verwendung der arabischen Schrift auf Gegenständen hatte ihr Pendant in der allgemeinen Wertschätzung der Kalligraphie und künstlerisch gestalteter Inschriften. Daneben brachte die Möglichkeit, geometrische Prinzipien auf verschiedenen Ebenen anzuwenden, Verbindungen zwischen großen und kleinen Teilen eines Gegenstandes oder eines Bauwerks zustande.

Trotz solcher Konstanten wandelten sich Ästhetik, Formen und Inhalte islamischer Kunst über die Jahrhunderte hinweg. Jede Deutung eines Werkes muss den jeweiligen historischen Gegebenheiten Rechnung tragen, den stilistischen Strömungen und anderen kulturellen Phänomenen seiner Zeit. In manchen Fällen scheint es offensichtlich, dass Kunstwerke und Bauten im Sinne der Verherrlichung ihres Auftraggebers, der Verkündigung der Großartigkeit der islamischen Religion oder der Vorschau auf das Paradies zu interpretieren sind. So zutreffend solche Deutungen im Einzelfall auch sein mögen – in ihrer Eindeutigkeit lassen sie meist andere mögliche Sichtweisen aus. Oft machen Werke der islamischen Kunst ihre «Botschaft» nicht sehr explizit – abgesehen davon, dass sie gefallen sollten. Der Versuch, im Verständnis eines Werks möglichst nahe an seine «ursprüngliche» Bedeutung heranzukommen, muss sich an der Absicht des Künstlers orientieren, der es herstellte, und an der Wirkung, die es vermutlich zu seiner Zeit erzielte. Dadurch können Besonderheiten von Epochen charakterisiert, Entwicklungslinien und Einflüsse sichtbar gemacht werden. Unter diesen Vorzeichen kann die islamische Religion als erklärender Faktor herangezogen werden, und zwar in all ihren historischen Erscheinungsformen, Spielarten und Verschiedenheiten. Aus kunsthistorischer Sicht bleibt der Begriff «islamisch» wichtig für die Bezeichnung einer kulturellen Größe, die aber jeweils neu bestimmt und konkret gefüllt werden muss.

2. Islamische Kunst und das Erbe der Antike

Im Jahre 1177 erlebte die ägyptische Küstenstadt Alexandria einen nicht ganz alltäglichen Besuch: Der Sultan Salah ad-Din (in Europa später bekannt als Saladin) hielt sich mit zwei Söhnen und einem kleinen Hofstaat in der Stadt auf, um ihre Befestigungsanlagen zu inspizieren. Neben den Stadtmauern und Toren, die Überfälle der Kreuzfahrer abwehren sollten, galt die Aufmerksamkeit der hohen Reisenden aber auch noch anderen Bauwerken: Sie besuchten die Ruinen des Serapeums, die damals außerhalb der Stadt lagen, mit der sogenannten «Pompeius-Säule». Ähnlich wie diese römisch-hellenistischen Ruinen erregten auch die Pyramiden von Gizeh das Interesse, wie arabische Chronisten aus dieser Zeit immer wieder berichten. Wenige Jahrzehnte später rief ein Gelehrter dazu auf, die ägyptischen Altertümer nicht einfach zu plündern und ihre Steine für Neubauten abzutragen, sondern ihnen mit Respekt zu begegnen und womöglich ihre Geheimnisse zu ergründen.

Eine solche Aufmerksamkeit für die Überreste der Antike bzw. der alten Hochkulturen kennt man aus Europa vor allem seit der Renaissance, selbst wenn sie bereits in den Jahrhunderten vor Donatello und Alberti hier und da aufscheint. Daran knüpft sich die Frage, wie sich die islamische Kunst zur Antike verhalten hat. Die abendländische Kunstgeschichtsschreibung hat ja gewissermaßen das Erbe der Griechen und Römer für Europa reklamiert. Hier wurden antike Formen und Themen seit der Renaissance immer wieder aufgegriffen und verarbeitet. Gipfelnd im Klassizismus des frühen 19. Jahrhunderts, bekannten sich verschiedene Epochen explizit dazu (oder erhoben den Anspruch), in der Nachfolge der mediterranen Antike zu stehen. Wie aber gestaltete sich der künstlerische Umgang mit dem antiken «Erbe» in der islamischen Welt? Gab es auch hier

Brüche – wie im Europa des frühen Mittelalters – und Phasen der Wiederbelebung antiker Formen?

Zunächst baute die islamische Kunst auf etwas anderen Voraussetzungen auf als die Kunst des europäischen Mittelalters. Die islamische Welt umfasste in ihren ersten Jahrhunderten neben dem römisch geprägten Mittelmeerraum auch den vormals sasanidisch beherrschten Iran mit seiner bedeutenden höfischen und städtischen Kultur. Dazu kam noch die alte Kultur Südarabiens, der auch Mekka, die Stadt des Propheten Muhammad, nahe stand. Als Nachfolger dieser alten Kulturen etablierte sich das islamische Kalifat geographisch in der Mitte; seine Kernregion lag im Raum zwischen Levanteküste und Zagrosgebirge, Taurusgebirge und Nadschd. Hier, in Syrien und Mesopotamien, hatten sich auch Elemente der altorientalischen Kulturen gehalten, die einander seit der Zeit Sargons von Akkad (im dritten vorchristlichen Jahrtausend) abgelöst hatten. Mit dieser Region hatten die Araber schon in der Zeit vor dem Propheten in intensivem Austausch gestanden.

Mit den arabisch-islamischen Eroberungen des 7. Jahrhunderts wurden die verschiedenen Kulturräume zusammengefasst, Syrien und Mesopotamien wurden ihr Zentrum. Die «Teilung der Mittelmeerwelt», die damals stattfand, trennte vor allem die Germanenreiche im Nordwesten, in denen die städtische Kultur des Römischen Reiches an vielen Stellen abriss, vom Oströmisch-Byzantinischen Reich und vom Kalifat, in denen es keinen so strikten Bruch mit der Kultur der Antike gab. Staatliche Institutionen und Stadtstrukturen blieben in diesen Gebieten weitgehend erhalten und wandelten sich nur langsam.

Die umayyadische Kunst in Syrien, Ausdruck der Macht des noch jungen Kalifats, baute auf dem antiken Erbe auf. Sie verwendete architektonische Elemente des römischen Syrien noch für längere Zeit fast unverändert weiter: Die Bautypen der Basilika, des Zentralbaus, der Badehalle und des Kastells gehörten zu ihrem Repertoire ebenso wie das Achsenkreuz im Grundriss, die Arkaden auf Säulen, Rundbögen und Satteldächer, Tonnengewölbe und Kuppeln, Gesimse, profilierte Rahmen, Friese und Medaillons. Die Tatsache, dass Kunsthistoriker für die Fassade des Palastes von Mshatta Entstehungszeiten zwischen dem 4. und 8. Jahrhundert vorgeschlagen haben, und der Umstand, dass die Stadtanlage von Anjar im Libanon noch heute vielen Betrachtern byzantinisch erscheint, sprechen für sich. Beide Werke entstanden unter den Umayyadenkalifen in der ersten Hälfte des 8. Jahrhunderts.

Allerdings wurden schon in dieser Phase der islamischen Kunst die hellenistisch-antiken Elemente mit Zutaten aus anderen Regionen des neuen Reiches versetzt. Der Stuckdekor in den umayyadischen Palästen wurde zum Teil von Werkstätten aus dem sasanidisch geprägten Irak ausgeführt. Der Torbau auf der Zitadelle von Amman verrät in der Gestaltung seiner Hoffassaden denselben Einfluss: Seine gestuften Blendnischen mit gezackten Bögen und mit Halbsäulen ohne Kapitell und Basis gehen ebenfalls auf sasanidische Traditionen zurück. Allerdings wurden sie hier nicht wie in ihrem irakisch-iranischen Herkunftsgebiet aus Ziegeln gemauert, sondern in Kalkstein umgesetzt. Genau diese Verbindung von Formen und Techniken verschiedenen Ursprungs ist ein charakteristisches Merkmal der frühen islamischen Kunst.

Und schließlich ist bereits unter dem Umayyadenkalifen Abd al-Malik am Ende des 7. Jahrhunderts der Wille zu erkennen, sich von den römisch-byzantinischen und sasanidischen Vorbildern zu befreien. Mit seiner Münzreform ging er zunächst von den bisher gültigen Nachprägungen byzantinischer Denarii und sasanidischer Drachmen zu Münzen mit eigenen, arabisch-islamischen bildlichen Darstellungen über – sie zeigten beispielsweise den Kalifen als Standfigur. In einem zweiten Schritt, nur wenige Jahre später, löste man sich auch von dieser Form ikonographischer Münzprägung und schuf einen Münztyp, der nur mit Schriftelementen gestaltet war (Abb. 12).

Der Umgang mit den antiken Formen war schon in den Jahrhunderten der vorislamischen Zeit recht frei. In der Zeit der griechischen Klassik und des Hellenismus waren die Proportionen von Säulen und Gebälken streng vorgeschrieben gewesen. Ein solcher Kanon existierte schon in der Spätantike nicht mehr oder nur noch als lockere Regel, wie bestimmte Elemente zu

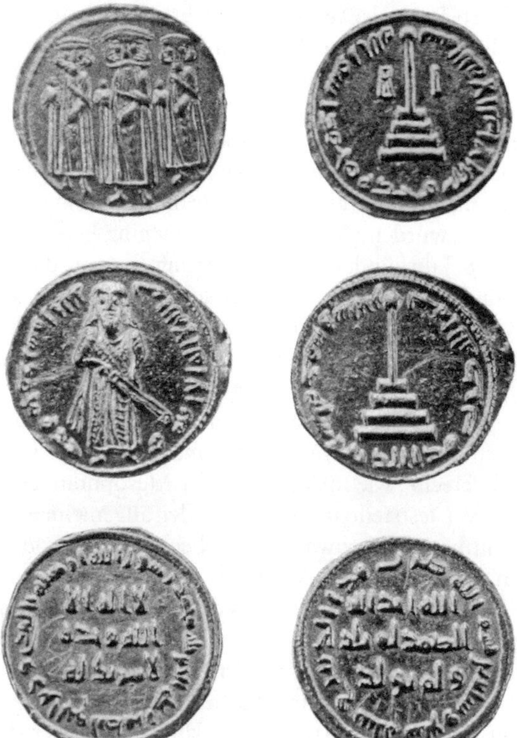

12 Phasen der Münzreform am Ende des 7. Jahrhunderts: *oben:* Dinar nach byzantinischem Vorbild, *Mitte:* Dinar mit «stehendem Kalif», *unten:* rein inschriftlicher Dinar

kombinieren waren. Auch die Abstraktion vom Naturvorbild war in der Kunst Syriens, Ägyptens und Mesopotamiens schon längst im Gange, als die arabischen Eroberungen diese Gebiete mit dem sasanidischen Osten zusammenbrachten. Die Akanthusblätter und Weinranken, die den Felsendom und die Aqsa-Moschee im Innern verzieren, sind nicht stärker schematisiert oder vereinfacht als jene in der byzantinischen Ausstattung der Geburtskirche zu Bethlehem. Den koptischen Schrankenplatten und Holzarbeiten aus Ägypten ist nicht anzusehen, ob sie vor oder nach der arabischen Eroberung entstanden. In der islamischen Kunst setzte sich die Tendenz zur Abstraktion fort, wie sie bereits zuvor bemerkbar war.

In den Stuckfeldern, die die Wände der Paläste von Raqqa und Samarra verkleiden, lassen sich immer noch antike Motive identifizieren, die hier allerdings sehr stark schematisiert und geometrisiert wurden (Abb. 27). Erstmals ging bei den Werken des späten 8. Jahrhunderts die Stilisierung so weit, dass Blätter, Ranken und Blüten nicht mehr als solche erkennbar sind. Da die Provinzen des Kalifats im 8. und 9. Jahrhundert in engem Austausch miteinander standen, überrascht es nicht, dass diese Tendenz und die Elemente, in denen sie sich äußert, an vielen Orten in der islamischen Welt zu sehen sind. Der Umgang mit der antiken Weinranke war gewissermaßen auf der iberischen Halbinsel derselbe wie in Ägypten oder Mesopotamien, und es ist nur schwer feststellbar, ob das mit der allgemeinen Tendenz des spätantiken Formenwandels zu begründen ist oder ob in einzelnen Fällen konkrete Vorbilder nachgeahmt wurden und sich die Mode der Abstraktion aus der Hauptstadtregion in die Provinzen verbreitete.

Zu verschiedenen Zeiten wurden in der islamischen Kunst antike Elemente bewusst aufgegriffen oder kamen wieder in stärkerem Ausmaß zum Tragen. Der Umgang mit vergangenen Kulturen und ihren Überresten konnte für die Kunst anregend wirken, und es gab dafür verschiedene Möglichkeiten. Die einfachste war, Bauten oder Gegenstände aus vorislamischer Zeit zu nutzen und in eigene Schöpfungen einzubeziehen. Ganz pragmatisch geschah dies beispielsweise bei Befestigungen: Die römischen Theater von Aspendos in der Südtürkei und von Bosra in Syrien blieben deshalb so hervorragend erhalten, weil sie durch das Vermauern ihrer äußeren Öffnungen in Festungen verwandelt wurden. Die Wiederverwendung antiker Werkstücke (Spolien) folgte ebenso praktischen Erwägungen, hatte aber auch noch andere Aspekte: Die mit Hieroglyphen bedeckten Quader, die in Kairo häufig als Schwellen islamischer Bauten dienten, wurden nicht nur wegen der Härte des Materials verwendet, sondern auch, weil man sich von ihnen magische, Unheil abwehrende Wirkungen versprach. Antike Porphyrscheiben, die in den Sultansmoscheen von Istanbul im Bodenpflaster verlegt wurden, waren nicht nur haltbar und setzten einen farbigen Akzent, sondern verliehen dem Gebäude besondere Würde und unterstrichen den Rang des Auftraggebers; denn man war sich durchaus der Tatsache bewusst, dass die Verwendung des purpurroten Porphyr bei Römern und Byzantinern ein kaiserliches Privileg gewesen war.

Stärker an Inhalten als an Kunstformen orientiert war die Antikenrezeption der klassischen Abbasidenzeit im 9. und 10. Jahrhundert. Die Übersetzung naturwissenschaftlicher und philosophischer Schriften griechischer Autoren ins Arabische wurde vom Kalifenhof stark gefördert. So verarbeiteten arabische Gelehrte in Bagdad und Córdoba nicht nur neuplatonische Philosophie, sondern auch die Erdkunde des Ptolemaios, hellenistische Sternkunde und Werke der Medizin, der Mathematik und der angewandten Physik. Diese Bewegung war auch für die Kunst von Bedeutung. Das gilt auf einer sehr allgemeinen Ebene, denn die naturwissenschaftlichen Theorien beeinflussten die Sicht der Welt. Andererseits ging mit den Übersetzungen auch sehr konkret das Kopieren von Abbildungen aus hellenistischen Vorlagen einher. Die Illustration wissenschaftlicher Werke förderte somit wesentlich die Entwicklung der Buchmalerei. Und schließlich bildeten die griechischen Schriften zur angewandten Geometrie auch eine Grundlage für die Konstruktion komplizierter geometrischer Gebilde, die vor allem in den Flächenmustern wesentlich zum Erscheinungsbild islamischer Kunst beitrugen.

In Iran nahm man noch in anderer Weise Bezug auf die vorislamische Vergangenheit. Die Herrscher aus regionalen Dynastien, die sich aus der Abhängigkeit vom Abbasidenkalifat lösten, sahen sich auch als Erben der iranischen Kultur vor dem Islam. Im Gegensatz zum Römischen Reich, das ja in Byzanz als dauernder machtpolitischer Gegner weiter existierte, war der sasanidische Iran ganz in der islamischen Welt aufgegangen und bot sich, politisch und religiös unschädlich gemacht, als Modell

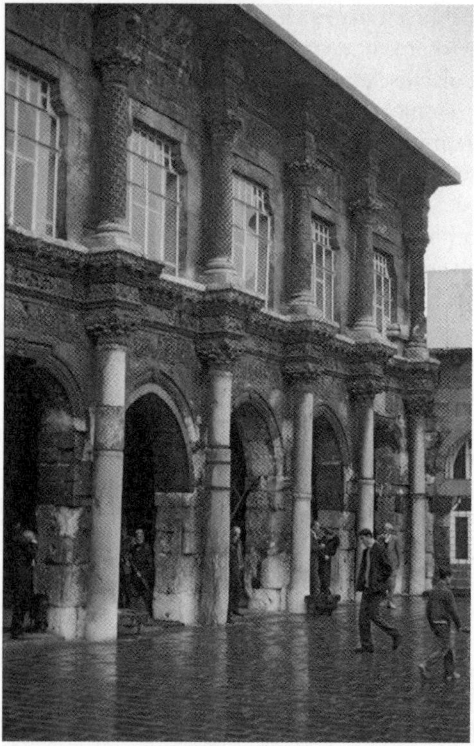

13 Große Moschee, Diyarbakır, seitliche Hoffassade, erste Hälfte 12. Jh.

einer imperialen Kultur an. Das zeigte sich nicht nur in der Förderung von Literatur in persischer Sprache. Bei den Emiren aus der Dynastie der Buyiden, die um die Mitte des 10. Jahrhunderts an die Macht kamen, deutet der Titel *shahanshah* (König der Könige) auf eine bewusste Anknüpfung hin. Auch die Inschriften, die diese Herrscher in Pasargadae hinterließen, zeigen deutlich, dass sie sich in der Tradition des altpersischen Königtums sahen. Die Erzählungen des «Shahname» und anderer Epen hielten das Gedächtnis einer ruhmvollen vorislamischen Geschichte Irans am Leben. Iranische Herrscher führten die Bezugnahme zur vorislamischen Kunst Irans bis ins 19. Jahrhundert fort.

Im 12. und 13. Jahrhundert kam es zu einer besonderen Form des Auflebens antiker Elemente in der islamischen Kunst. Zu derselben Zeit, als man sich in Kairo und Alexandria stark für die Überreste des alten Ägypten interessierte, entstanden in Nordmesopotamien und Syrien einige Werke, die man als Ausdruck eines «Revivals» antiker Kunst auffassen kann. An mehreren Bauten wurden nun spätrömische Architekturglieder nachgeahmt. Im Fall der kleinen Madrasa Shu'aibiya innerhalb des westlichen Stadttors von Aleppo (datiert 1150) wurde ein spätrömisches Gesims exakt kopiert und dem quaderförmigen Baukörper als Abschluss aufgesetzt. Für die seitliche Hoffassade der Großen Moschee von Diyarbakır verwendete man um dieselbe Zeit antike Säulen, Kapitelle und Gebälkstücke, die man in beinahe «korrekter» Ordnung zusammensetzte, allerdings bereichert um eine lange arabische Inschrift (Abb. 13). Diese Komposition wiederholte man auf der Gegenseite aus neu gearbeiteten Stücken. Spoliengebrauch und gekonnte Nachschöpfung gingen Hand in Hand. Offenbar schätzte man die antiken Bauelemente in ihrer stark plastischen Durchbildung. Welche Bedeutung man ihnen darüber hinaus noch beimaß, bleibt unklar. Es scheint, dass man sich hier in bestimmter Weise auf die vorislamische Zeit berief; allerdings kam es nicht zu einer «Renaissance», in der man sich mit der Vergangenheit identifizierte, sondern (im Sinne von Erwin Panofskys «Renascence») nur zu einem partiellen Wiederaufleben, ähnlich wie bei der gleichzeitigen «Protorenaissance» in der Toskana und der Provence.

Diese Bewegung war nicht auf die Architektur beschränkt. Auch in der Münzprägung Nordmesopotamiens griff man zur selben Zeit antike Vorbilder auf. Ein lockiger Porträtkopf im Profil auf einer Kupfermünze, die ein Emir der Artukiden in Diyarbakır 1183 prägen ließ, geht eindeutig auf eine hellenistische Vorlage zurück; ähnliche Beispiele sind bis in die Mitte des 13. Jahrhunderts zu verfolgen (Abb. 1). Allerdings zeigt sich dabei, dass das «Antikenrevival» noch mit anderen Aspekten verknüpft war: Es ging mit einer allgemeinen Bilderfreudigkeit einher, die sich in steinernen Tierreliefs an Portalen ebenso äußerte wie in der lebendigen Dekoration von Metallarbeiten mit höfischen Szenen (Abb. 2). Astrologische Darstellungen waren äußerst beliebt; sie finden sich nicht nur auf Gegenständen, wo sie ihrem Besitzer Glück bringen konnten, sondern auch auf den Pfeilern der Brücken von Hasankeyf und Cizre, die unter den Artukiden und Zengiden im 12. Jahrhundert errichtet wurden.

Diese Strömungen waren regional begrenzt; in Ägypten oder Iran, Nordafrika und Zentralasien sind sie in dieser Weise nicht zu beobachten. Dort, wo «Antikenrevival» und Bilderfreudigkeit stark ausgeprägt waren, also in Teilen Syriens und Mesopotamiens, verbreitete sich gleichzeitig eine besondere Stilrichtung, bei der stark plastische Gliederungen und ausgezackte Bogenprofile eine Rolle spielen. Möglicherweise spielte bei dieser Bewegung auch die Kunst der christlichen Minderheiten (vor allem der Syrer und Armenier) eine Rolle. Zugleich erlebte auch die Buchmalerei ihren Aufschwung, und einige Motive des Dekorstils, der Bilderwelt der Münzen und der Reliefs finden hier ihren Widerhall. Durch die mongolische Besetzung Mesopotamiens und Syriens in den Jahren 1258–1260, mit der Etablierung einer undurchlässigen und entvölkerten Grenze am Euphrat und der Einbindung Syriens in das Mamlukenreich wurden diese interessanten künstlerischen Entwicklungen jedoch abgebrochen und durch andere Einflüsse überlagert.

Mit der Eroberung von Konstantinopel 1453 stellte sich der osmanische Sultan in die Tradition des byzantinischen Kaisertums. Dies gilt zumindest für den imperialen Gestus des Herrschers. Mehmed II. war durch seine Ausbildung für diese Rolle gut gerüstet: Er las Griechisch und verkehrte mit italienischen Intellektuellen und Künstlern, die sich an seinem Hof aufhielten. Das Porträtbild Mehmeds II. von Gentile Bellini hat zu Recht Berühmtheit erlangt, und wie ein italienischer Fürst seiner Zeit ließ sich der Sultan von Costanzo da Ferrara auf einer Medaille porträtieren. Für eine Renaissance parallel zur italienischen fehlte jedoch in Istanbul das Umfeld. Betont muslimische, anti-griechische Tendenzen setzten sich schließlich (spätestens mit Mehmeds Tod) durch.

Zu einem viel späteren Zeitpunkt erschienen mediterran-antike und altpersische Formen wieder in Kunstwerken des islamischen Orients. Im frühen 19. Jahrhundert ließ Fath Ali Shah, Herrscher über Iran, neben und über den Reliefs der vorislamischen Großkönige (z. B. in Bisutun und Rayy) neue Bilder in den Fels hauen, die ihn selbst auf dem Thron oder im Kreis seines Hofstaats zeigen. Damit stellte er sich in die Tradition der Sasaniden und Achämeniden und beanspruchte ähnliche Autorität und Machtfülle, wie man sie diesen zuschrieb.

Im Osmanischen Reich zeigte sich eine andere Form des Historismus: Hier tauchten in der Architektur wieder die antiken Säulenordnungen auf. Mit ihnen gliederte man die Fassaden von Palast- und Moscheebauten ebenso wie die Gassenfronten neu errichteter Bazarteile. Diesmal waren die Motive europäischen Musterbüchern barocker und klassizistischer Architekten entnommen. Ihre Verwendung gehörte zur «historistischen» Bewegung, wie sie die Architektur des gesamten 19. Jahrhunderts in Europa kennzeichnete. Straßenzüge in Istanbul und Damaskus, Kairo und Tunis erhielten auf diese Weise ein europäisches Gepräge. Selbst dem «Tor des Jemen», dem Eingang zur Altstadt von Sanaa, wurde am Ende eine dorisch-toskanische Säulenordnung vorgeblendet. Die einzelnen Elemente dieser Architekturen hatten schon so viele Etappen der Wiederaufnahme hinter sich, dass sie nicht mehr als Bezugnahme auf die Antike verstanden werden konnten. Vielmehr signalisierten sie eine Europäisierung im Sinne der Neuordnung und Modernisierung des Osmanischen Reiches, wie sie von den Sultanen betrieben wurde. So gesehen bedeuteten Säulen und Gebälke nichts anderes als die Uhrtürme, die auf den öffentlichen Plätzen osmanischer Städte den Beginn einer neuen Zeit verkündeten.

Insgesamt zeichnen sich im Vergleich zwischen der islamischen Welt und dem Bereich christlicher Kulturen Parallelen in der Wahrnehmung und Verarbeitung antiken Erbes ab, die durch verschiedene Stadien bewusster und unbewusster Übernahme hindurchgingen. Für die islamische Welt umfasste diese Antike mehr als für Europa, denn die persische Vergangenheit kam noch hinzu. Was die europäische Kultur zwischen 1200 und 1800 an bewusster Antikenrezeption mit Übersetzungen, philosophischer Reflexion und Verarbeitung von Kunstformen vollzog, geschah in der islamischen Welt zum Teil bereits unter den Abbasiden im 9. Jahrhundert, stückweise noch im 12. und 13. Jahrhundert; in vielen Gebieten aber lag die antike Welt in solcher Ferne, dass man sich mit ihr nicht mehr auseinandersetzte. Für die Bewohner des Dorfes Hisarlık in Nordwestanatolien rückten erst Heinrich Schliemanns Ausgrabungen von Troja die vorislamische Vergangenheit ihres Ortes wieder ins Bewusstsein.

Eine wichtige Differenzierung gilt es allerdings zu beachten: In Iran umfasste das Geschichtsbewusstsein durchweg auch die vorislamische Zeit. Das Andenken der altiranischen Könige, wie auch immer legendär verklärt, war zu allen Zeiten lebendig. Alexander hat in der islamischen Kultur in seiner Rolle als Herrscher über Iran Unsterblichkeit erlangt. Seine ideellen Nachfolger, die römischen und oströmischen Kaiser, hinterließen dagegen nur flüchtige Spuren.

3. Von der Pfeilerhalle zur Kuppel: Die Moschee

Sucht man nach einer Gattung, in der sich Charakteristika und verschiedene Strömungen der islamischen Kunst beispielhaft verdichten, so kommt man unweigerlich auf die Moschee. Das Bethaus der Muslime wird im deutschen mit einem Wort benannt, das über das Italienische bzw. Spanische aus dem arabischen *masjid* (türk. *mescit*) ableitbar ist. Es bezeichnet den «Ort der Anbetung» und damit jeden Raum, der dem islamischen Ritualgebet gewidmet ist. Ein *masjid* kann entweder ein eigenständiges Bauwerk oder auch Teil eines anderen Gebäudes sein.

Die baulichen Anforderungen an eine Moschee sind zunächst äußerst einfach: Es genügt ein Raum, der deutlich abgegrenzt ist und sauber gehalten wird. Er sollte – am besten mit der dem Eingang gegenüberliegenden Wand – in der Gebetsrichtung (*qibla*) nach Mekka ausgerichtet sein. Außerdem werden Waschgelegenheiten benötigt, um den Anforderungen der kultischen Reinheit zu genügen. Das Ausziehen der Schuhe hat nicht nur mit äußerlicher Sauberkeit zu tun, sondern signalisiert den sakralen Charakter des Gebets und der Moschee.

Die Heiligkeit des Moscheegebäudes hat nicht zu allen Zeiten in derselben Art und Weise Ausdruck gefunden. Die erste «Große Moschee» in der Geschichte des Islam war ein Bauwerk, das viele Funktionen vereinte: In der islamischen Gemeinde von Medina, die vom Propheten Muhammad angeführt wurde, war die Moschee Regierungssitz und Bürgerzentrum; hier wurden auswärtige Gesandtschaften empfangen, Ratsversammlungen abgehalten, Arme gespeist und nicht zuletzt das gemeinsame Gebet verrichtet. In der Fortsetzung dieser Einheit von religiöser und staatlicher Gemeinschaft hatte das Freitagsgebet, in dem eine Predigt vorgetragen wird, über lange Zeit auch einen politischen Charakter. In ihm wurde der Name des regierenden Herrschers genannt, der dadurch seine Legitimität erhielt. In den ersten Jahrhunderten islamischer Zeit wurde das Freitagsgebet in jeder Stadt nur in einer einzigen Moschee abgehalten. Diese «versammelnde» Moschee wird als *jami'* (türk. *cami*) bezeichnet. Die Beschränkung auf eine einzige Freitagsmoschee pro Stadt wurde durch spätere Entwicklungen (ab dem 10. Jahrhundert) aufgehoben; seitdem finden sich in vielen größeren Städten Freitagsmoscheen in mehreren Stadtteilen.

In den ersten Jahrzehnten der islamischen Geschichte, die von der raschen Eroberung des gesamten Vorderen Orients geprägt waren, wurde der Raumbedarf für das muslimische Gebet einerseits auf pragmatische Weise gelöst. Geeignete Bauten, vor allem Sakralbauten der bislang herrschenden Religionen, wurden in Moscheen umgewandelt – wie zum Beispiel die Hauptkirchen der syrischen Städte. Andererseits errichtete man Moscheen durchaus auch als repräsentative Großbauten.

In den neu gegründeten Lagerstädten von Basra, Kufa, Fustat und Kairouan bildete die Moschee das Zentrum der Siedlung.

Die Anlagen waren rechteckig, wobei Seitenlängen von ca. 100 Metern durchaus vorkamen. Der Innenraum war als Pfeilerhalle mit gleichförmigen Stützen gestaltet, die in einem regelmäßigen Raster angeordnet waren. Vor dem Betsaal lag ein weiter Hof, meist ebenfalls von überdachten Hallen auf Reihen von Säulen oder Pfeilern eingefasst. In den Moscheen von Medina, Kufa und Wasit (im Irak), die im späten 7. und frühen 8. Jahrhundert neu errichtet wurden, trugen bis zu 15 Meter hohe Säulen aus steinernen Trommeln, die entweder mit Reliefs geschmückt oder mit poliertem Stuck verkleidet waren, die flachen Dächer aus Teakholz-Balken. Auch wenn diese Bauform den altpersischen Königshallen (*apadana*) von Persepolis und Susa ähnlich sieht, ist es wahrscheinlicher, dass die frühen muslimischen Baumeister die zu ihrer Zeit geläufigen architektonischen Mittel verwendeten und daraus einen neuen, zunächst einfachen Bautyp schufen, der den Anforderungen an die Versammlung zum Freitagsgebet gerecht wurde.

Die frühen Freitagsmoscheen entstanden häufig in direkter Verbindung mit dem Sitz des Herrschers, des Kalifen oder seines Statthalters, dessen Palast in mehreren Fällen unmittelbar an die Moschee angrenzte und durch Türen mit ihr verbunden war. In Syrien erfuhr die Kombination von weltlicher Macht und Religion einen geradezu genialen Ausdruck im Bau der Großen Moschee von Damaskus unter dem Umayyadenkalifen al-Walid I. (705–715). Elemente der spätantik-byzantinischen Architektur wurden auf eine Weise in das Konzept der Pfeilerhalle integriert, die das Moscheegebäude hierarchisch gliederte und auf die Person des Herrschers ausrichtete. Die Mittelachse des Baues wird durch ein hohes «Transept» akzentuiert, eine Art Querschiff, das die Schiffe des Betsaals durchschneidet (Abb. 6). In der Hoffassade tritt es als hoch aufragendes Rechteck in Erscheinung, das mit einem Giebel bekrönt ist (dagegen entfaltet die kleine Kuppel über dem Transept weder im Innenraum noch zum Hof hin eine besondere Wirkung). Die Akzentuierung der Mittelachse setzt sich im Innern durch die Gebetsnische fort, die den Kalifen als Oberhaupt der Gemeinde beim Gebet architektonisch umrahmte.

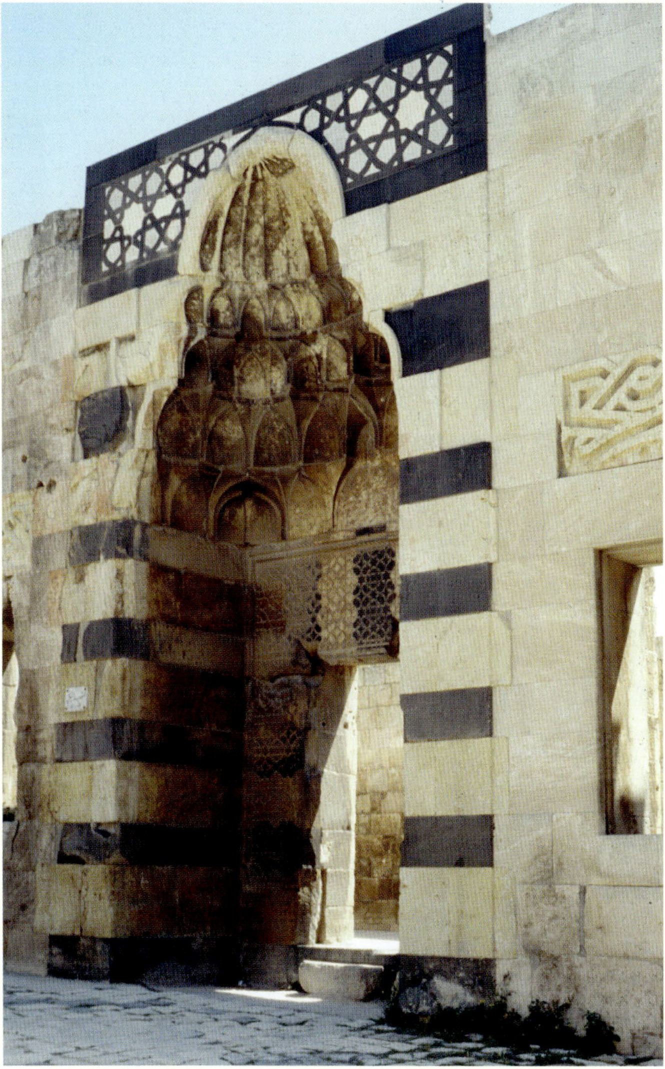

14 Palast auf der Zitadelle, Aleppo (Syrien), Portal, um 1200

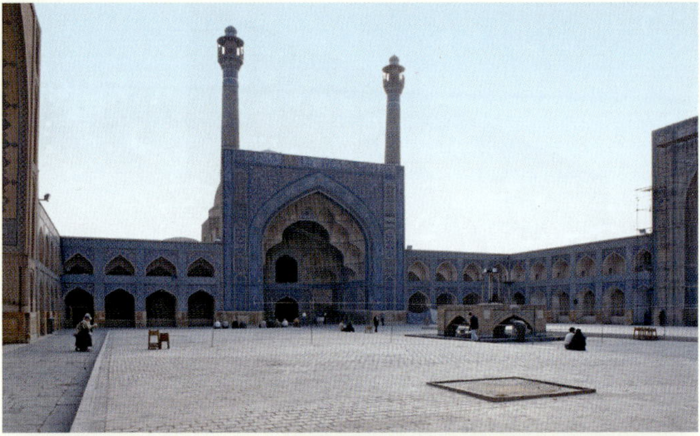

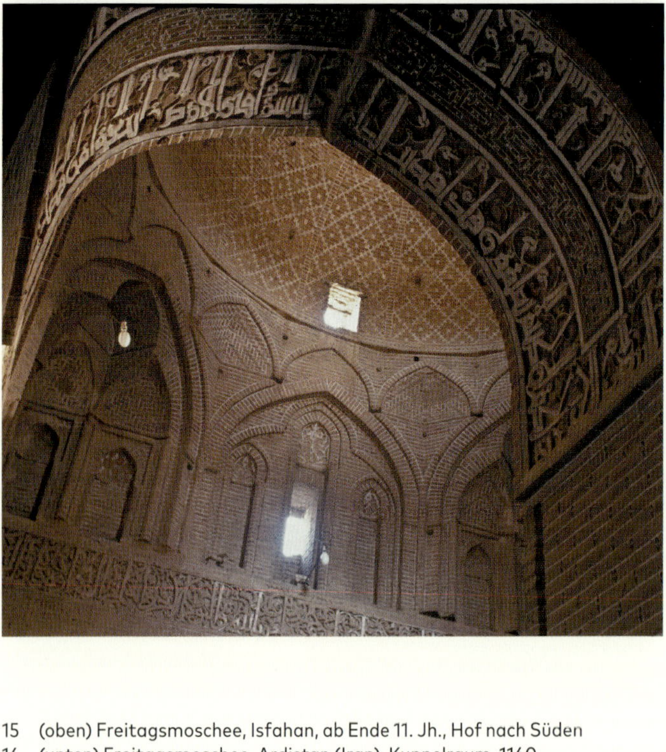

15 (oben) Freitagsmoschee, Isfahan, ab Ende 11. Jh., Hof nach Süden
16 (unten) Freitagsmoschee, Ardistan (Iran), Kuppelraum, 1160

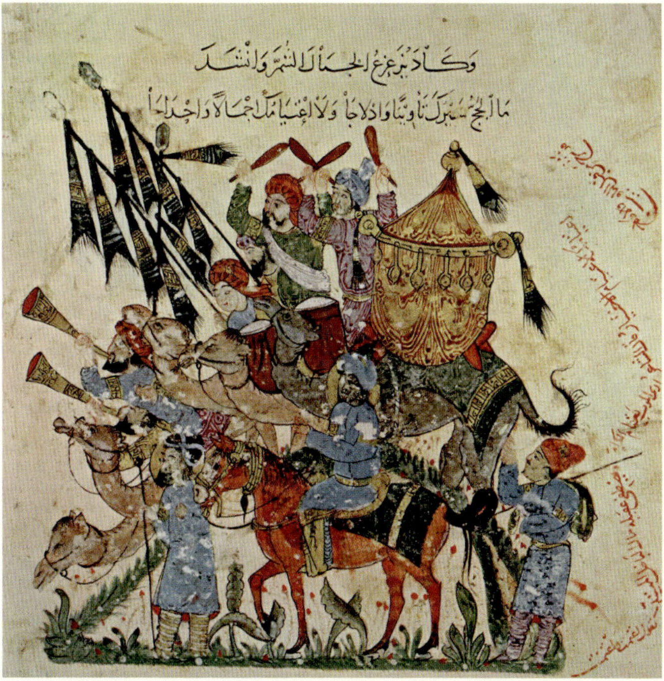

17 Pilgerkarawane. «Maqamat» des Hariri, Bagdad, 1237. Paris, Bibliothèque Nationale, MS arabe 5847, fol. 94v

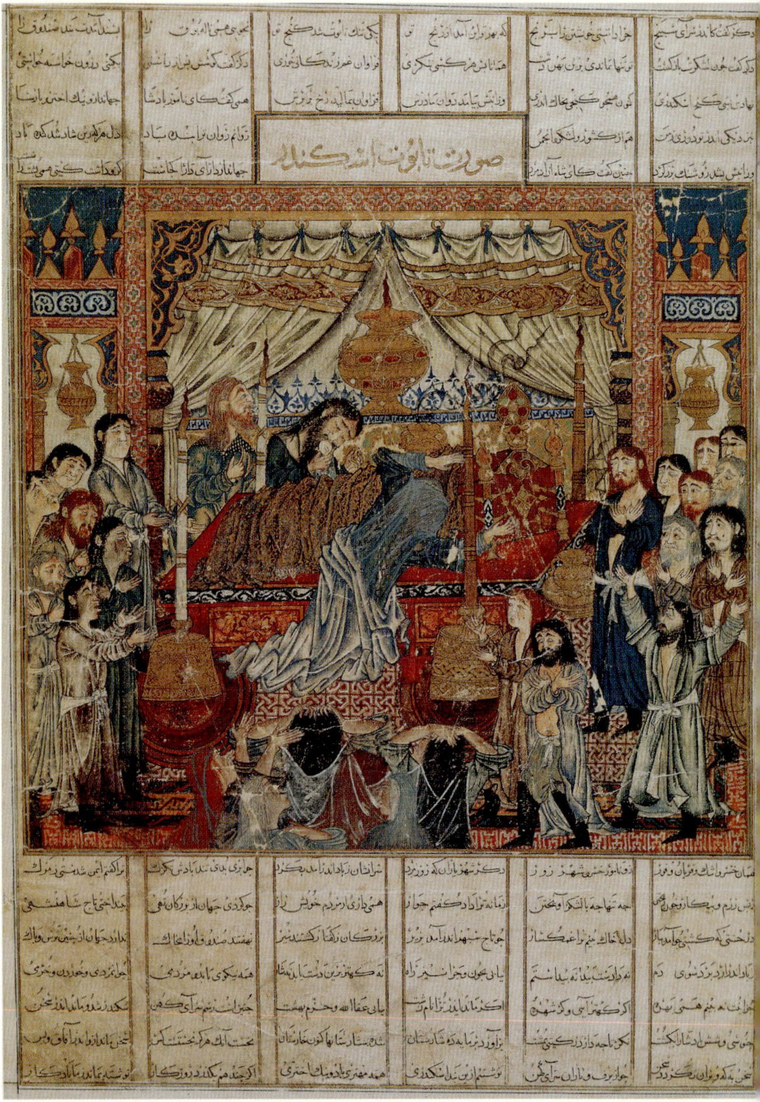

18 Trauer um Alexander. «Shahname», wohl Tabriz, um 1320. Washington, Freer Gallery of Art, F 1938.3

Zu der Zeit, als die Umayyadenmoschee von Damaskus entstand, fanden erstmals Elemente in die Moscheearchitektur Eingang, die später zu essentiellen Bestandteilen wurden: die Gebetsnische (*mihrab*) und die Kanzel (*minbar*). Beide erinnern gewissermaßen an den Propheten Muhammad als Führer der islamischen Urgemeinde. Sie bezeichneten die Stelle, an der in der Hauptmoschee des Reiches der Kalif, der «Stellvertreter des Propheten», das Gebet leitete. In den anderen Städten und Provinzen nahmen seine Statthalter und (wie heute) die amtlich bestellten Vorbeter (*imam*) diesen Platz ein. Der Mihrab lässt sich aus der architektonisch gestalteten Wandnische herleiten, die in der gesamten spätantiken Architektur als Hoheitsmotiv verwendet wurde. Er besitzt eine ähnliche Funktion wie die Apsis, die die Ausrichtung des frühchristlichen Kirchenraumes anzeigt; jedoch ist der Mihrab kein eigener Raumteil, sondern in die Wandfläche eingefügt.

Ein charakteristisches Beispiel für die Gestaltung eines prächtigen Mihrabs ist in der Großen Moschee von Kairouan zu sehen, wie sie ab 836 ausgeführt wurde: Die ausgerundete Nische wird von einer kleinen Halbkuppel abgeschlossen, deren Stirnbogen ein Hufeisen bildet (Abb. 9). Zwei Säulen flankieren die Nische; ihre Schäfte aus rotem Marmor, die weißen Kapitelle und Kämpferplatten sind ausgesuchte antike Stücke. Die Wandung der Nische ist mit reliefierten Marmorpaneelen verkleidet, die jeweils verschiedene Muster zeigen. Die seitlichen Tafeln sind mit geometrischem und pflanzlichem Ornament gefüllt, während auf den Paneelen der Mittelachse das Motiv des Mihrabbogens erscheint, dessen Hufeisen hier allerdings mit den Rippen einer Muschel ausgefüllt ist. Die Front des Bogens über den Säulen ist mit glasierten Fliesen besetzt. Ihre Farben verleihen dem Mihrab zusätzlichen Glanz. Bei aller Pracht ordnet sich die Nische doch in die Gestaltung der anschließenden Wand ein, denn die Fläche um den Nischenbogen ist ebenfalls mit Fliesen besetzt und die Sockelzone der Wände mit Marmor verkleidet.

Auch die Kanzel (*minbar*) von Kairouan, die gleichzeitig mit dem Mihrab im 9. Jahrhundert entstand, repräsentiert den Willen der damaligen Auftraggeber, der Emire von Ifriqiya, ihren Auftritt im Freitagsgebet prachtvoll auszugestalten. Sie ist als hölzerne Treppe gestaltet, deren elf Stufen mit einer kleinen Plattform zu einer Einheit verbunden sind. Die Flächen sind mit feinen Schnitzereien bedeckt. Ähnlich wie bei den Marmorpaneelen des Mihrabs sind hochkant stehende Rechtecke mit geometrischen Flechtmustern gefüllt, während auf den Bordüren ein Fries von Weinranken verläuft.

Der Minbar wirkt aufgrund des Materials und seiner freien Aufstellung als Teil der beweglichen Ausstattung, während der Mihrab zur Architektur gehört. In der Tat gab es besonders im islamischen Westen Minbare, die auf Rollen in einen kleinen Raum neben dem Mihrab zurückgeschoben werden konnten. Die Zweckbestimmung als «Thron» für den Freitagsprediger im Gedenken an den Propheten kommt darin zum Ausdruck. Dagegen sind die Kanzeln der osmanischen Sultansmoscheen fast durchweg aus Marmor gefertigt, stehen unverrückbar an ihrem Platz und sind mit architektonischen Elementen gestaltet.

Die Motive, die bei der Gestaltung der Mihrabnische in den ersten islamischen Jahrhunderten zur Anwendung kamen, waren einerseits gängige Elemente spätantiker Architektur. Sie zeigten Würde an, wodurch der Platz des Imams hervorgehoben wurde. Als Leiter der Gemeinde im Gebet stand er nicht nur als Gleicher unter Gleichen vor Gott, sondern in der Zeit des Kalifats der Umayyaden und der frühen Abbasiden verkörperte er auch die von Gott legitimierte weltliche Autorität. Die damalige Funktion der Moschee, in der sich die Gemeinschaft der Muslime zudem politisch konstituierte, drückte sich in den Freitagspredigten aus. Im umayyadenzeitlichen Kufa hielt sie der Gouverneur des Irak persönlich ab und vertrat dabei auch seine Politik in der Öffentlichkeit.

Eine Auffassung göttlicher Präsenz war mit dieser Funktion der Moschee und des Mihrabs eigentlich nicht verbunden. Ein solches Verständnis scheint hinzugekommen zu sein, als die Darstellung einer Hängelampe in der Mitte der Mihrabnische ein verbreitetes Motiv wurde. Die Lampe findet sich in steiner-

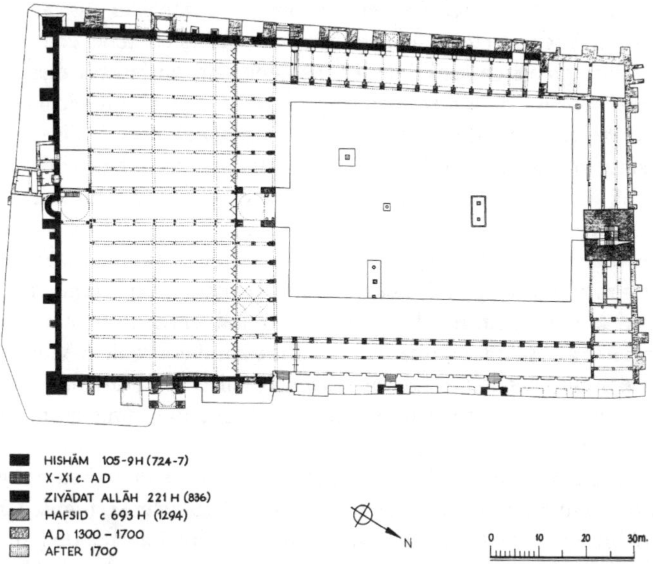

19 Große Moschee, Kairouan (Tunesien), um 836, Grundriss

nen Reliefnischen sowie auf den «Abbildungen» von Mihraben auf Fliesen und Teppichen der Osmanenzeit. Sie spielt auf den «Lichtvers» des Koran an (Sure 24, 35): «Gott ist das Licht von Himmel und Erde. Sein Licht ist einer Nische zu vergleichen, mit einer Lampe darin. Die Lampe ist in einem Glas, das ist, wie wenn es ein funkelnder Stern wäre. Sie brennt mit Öl von einem gesegneten Baum, einem Ölbaum, der weder östlich noch westlich ist, und dessen Öl fast schon hell gibt, ohne dass Feuer darangekommen ist – Licht über Licht.» Die Lichtsymbolik ließ den Mihrab zu einem geheiligten Ort werden, dessen Segenskraft auf das Moscheegebäude ausstrahlte. An vielen Mihraben wird sie auch durch Inschriften unterstrichen, die Passagen aus dem Koran zitieren. Häufig ist an dieser prominenten Stelle der «Thronvers» zu finden, der Gottes Allmacht und Allgegenwart umschreibt.

Die Entwicklung dieser gestalterischen Elemente macht deutlich, dass die Moschee in einem langen Prozess der Sakralisierung zwar nicht zum «Gotteshaus» wurde, sich aber weit von der pragmatisch-funktionalen Bestimmung entfernte, die die erste Große Moschee zur Zeit des Propheten auszeichnete. Schon früh wurde der Moscheebau architektonisch differenziert, indem seine ehrwürdigsten Teile hervorgehoben wurden. Was in Damaskus mit dem Transept der Umayyadenmoschee begonnen hatte, setzte sich in Kairouan fort. Hier gab es keinen hoch aufragenden Giebel in der Hoffassade, doch innerhalb des kaum überschaubaren Betsaales mit seinen vielen Arkadenreihen sind die zentralen Partien durch besonders ausgewählte farbige Säulenschäfte ausgezeichnet. Eine Kuppel vor dem Mihrab überhöht diesen Kernbereich der Moschee symbolisch, selbst wenn sie nur eine geringe spürbare Raumwirkung entfaltet (Abb. 19).

In der Großen Moschee von Córdoba wurde diese Betonung des Kernbereichs noch gesteigert. Der Bau war eng mit der Selbstdarstellung der Umayyaden von Córdoba verbunden, die sich als gleichrangig mit den Abbasidenkalifen von Bagdad betrachteten – 929 hatte der Umayyade Abd ar-Rahman den Kalifentitel angenommen. Sein Nachfolger ließ den Betsaal der Moschee verlängern, so dass die gesamte Qiblawand neu errichtet wurde. Die entscheidenden Partien des Mittelschiffs und des Vormihrabbereichs zeichnen sich durch zusätzliche Arkaden aus, in denen sich vielfach gebuchtete Bögen überkreuzen (Abb. 20). Hinzu kommen die reichen Gewölbeformen mit Kuppeln, die auf sich überschneidenden Bögen ruhen. Durch ihre Ausstattung mit Marmorreliefs und Goldmosaik gehört diese Architektur zum Kostbarsten, was die islamische Kunst geschaffen hat. Diese Pracht konnte dem Lobpreis Gottes ebenso dienen wie der Verherrlichung des Auftraggebers, des Kalifen, der hier das Gebet leitete.

Kleinere Moscheebauten übernahmen Elemente dieser Architektur in vereinfachter Form, so etwa die Moschee am Bab Mardum in Toledo, die auf kleinstem Raum die Anordnung der Gewölbejoche in Córdoba kopiert. Mit der architektonischen Entwicklung der herrscherlichen Moscheebauten ging

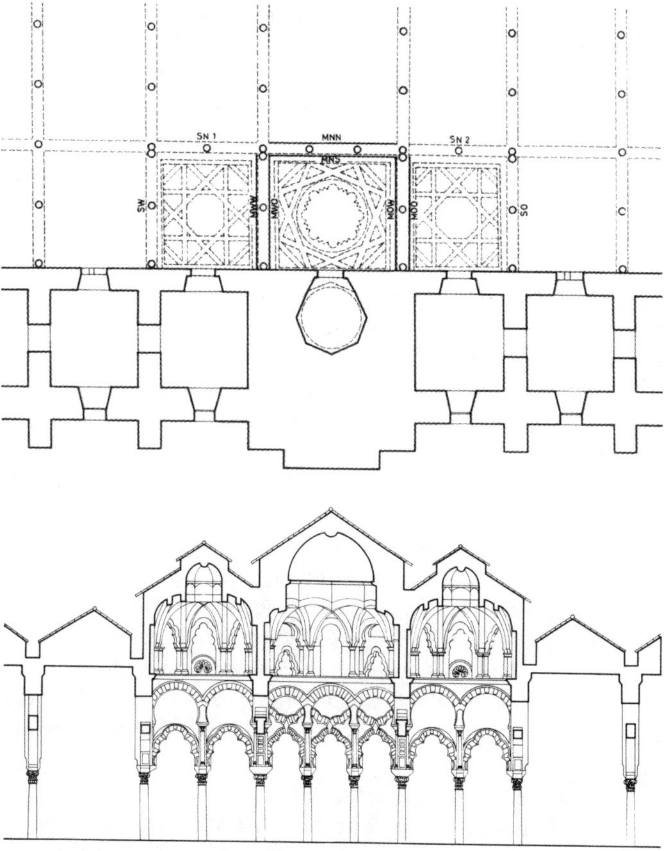

20 Große Moschee, Córdoba, zweite Erweiterung, um 961–965, Vormihrab-Joche, Grundriss und Schnitt

also auch eine differenzierte Ausgestaltung in der Breite einher, selbst wenn die Stadtteilmoscheen in der Regel viel einfacher aussahen.

Eine ganz andere Richtung nahm die Entwicklung der Moscheearchitektur in Iran. Dort hatten ab 1040 die turkstämmigen Seldschuken die Macht übernommen und sich vom Kalifen in Bagdad den Titel «Sultan» verleihen lassen. In der Staatsverwaltung stützten sie sich aber auf persische Schreiber. Unter dem Wesir Nizam al-Mulk wurde 1086–1087 die Freitagsmoschee von Isfahan grundlegend umgestaltet: Den zentralen Teil des Betsaals vor dem Mihrab trug man ab und ebnete dort die Pfeilerfundamente ein. An dieser Stelle errichtete man eine Kuppel von 15 Meter Durchmesser. Ihre ganz aus Ziegeln gemauerte Schale ruht auf einer Übergangszone von acht Spitzbögen, die mit Blendnischen und großen Zellen gefüllt sind. Vier massive Pfeiler an jeder Seite des Grundrissquadrats tragen die ganze Konstruktion. Zu den angrenzenden, niedrigeren Teilen des Betsaals mit ihrem Wald von Stützen steht der majestätisch wirkende Kuppelraum in starkem Kontrast. In einer Inschrift, die am Kuppelfuß umläuft, bekennt sich der Wesir als Auftraggeber zu dieser neuen Schöpfung.

Wahrscheinlich diente die Kuppel dazu, den Bereich vor dem Mihrab, in dem der Herrscher das Gebet verrichtete, zu überhöhen und zu betonen. Sie erfüllte damit eine ähnliche Funktion wie das Transept in Damaskus und die (weitaus kleineren) Kuppeln in Córdoba. Der Kuppelraum verbreitete sich rasch in Iran, wo die Tradition aufwendiger Gewölbe bereits zuvor heimisch gewesen war. Die Freitagsmoschee von Ardistan zeigt in besonders ansprechender Weise, wie die strenge Ziegelarchitektur des Kuppelraumes mit Stuckdekor kombiniert werden konnte (Abb. 16).

Noch weitere Elemente wurden der iranischen Moschee hinzugefügt. In Isfahan veränderte man den Moscheebau grundlegend, indem vier *iwan*e in den Seitenmitten des Hofes wiederum in den bestehenden Hallenbau eingefügt wurden. Mit ihren großen Spitzbögen akzentuieren sie die Mittelachsen, umstehen den Hof wie riesige Tore und richten das gesamte Bauwerk auf die Hofmitte aus (Abb. 15). Die große Kuppel ist hinter dem hoch aufragenden Iwan der Qibla-Seite vom Hof aus kaum zu sehen. Diese neue Orientierung der Moschee auf den Hof steht im Widerspruch zu ihrer Ausrichtung nach der Gebetsrichtung. Auch zerteilten die Iwane den Raum des Betsaals und der seitlichen Hallen, so dass die zusammenhängenden Reihen von Betern hier unterbrochen wurden. Die Einführung des Vier-Iwan-Schemas im Moscheebau kann also nicht mit der Zweckmäßigkeit dieses Bautyps erklärt werden. Plausibler erscheint eine Entlehnung aus der Palastarchitektur. Hier war das Vier-Iwan-Schema verbreitet, vor allem in Iran. Die Übernahme von Bauformen des Palastes und die neue Betonung der Achsen könnten mit dem Bestreben erklärt werden, die Moschee als öffentlichen Raum zu nutzen, in dem der «Auftritt» des Herrschers beim Freitagsgebet als Zeremonie inszeniert werden konnte.

Der neue Moscheetyp mit Kuppel und vier Iwanen war so erfolgreich, dass er auch in kleineren Bauten kopiert wurde, in dem eine Präsenz des Herrschers nicht erwartet werden konnte. In anderen Regionen wie Anatolien und Indien wurde er bald aufgegriffen und abgewandelt. Die anatolischen und frühosmanischen Moscheen übernahmen den Kuppelraum als dominierendes Element innerhalb eines Pfeilerhallen-Betsaals. Ein frühes Beispiel ist die Große Moschee von Silvan aus dem 12. Jahrhundert, ein viel späteres die Große Moschee von Manisa aus dem frühen 15. Jahrhundert. In Indien spielten Iwan und Kuppelraum ebenfalls eine wichtige Rolle in der Gestaltung der großen Moscheen, doch wurden sie hier mit sehr weiten Höfen kombiniert. In der Moghulzeit entwickelte sich daraus die typische Form der indischen Moschee mit drei nebeneinander angeordneten großen Kuppeln über dem Betsaal, die aber nach außen viel stärker in Erscheinung treten als im Innenraum.

Verwandtschaft mit der persischen Iwan-Hof-Moschee ist bei einer anderen Baugattung festzustellen: Die *madrasa*, die juristisch-theologische Hochschule, entwickelte sich ab dem 11. Jahrhundert als eigenständige Institution. Zuvor war der Lehrbetrieb meist in einem Teil der Moschee oder in den Privathäusern der Gelehrten abgehalten worden. Nun wurden eigene Gebäude errichtet und – wiederum auf Initiative des seldschukischen Wesirs Nizam al-Mulk – eng an den Staat gebunden. Die Ausbildung in der Madrasa brachte sowohl Theologen als auch Richter und Kanzleischreiber hervor.

Ab dem 12. Jahrhundert wurden Madrasen in Syrien und Anatolien, dann auch in Ägypten und im islamischen Westen gebaut. Die Anlagen wurden fast immer um einen Hof angelegt. Ein kleiner Betsaal, Wohnzellen und ein Hörsaal (häufig in Form eines Iwans) konnten in verschiedener Anordnung gruppiert werden. In manchen Fällen kam das Grabmal des Stifters hinzu, das in einem Kuppelraum neben dem Betsaal platziert wurde. Auf diese Weise war für sein Totengedenken gesorgt, und die vom Betsaal herüberklingenden Gebete entfalteten ihre Segenskraft über seinem Grab. Besonders eindrucksvolle Madrasen sind in Kairo aus der Mamlukenzeit erhalten. Bei der monumentalen Madrasa, die der Sultan an-Nasir Hasan 1356–1361 dort erbauen ließ, verbirgt sich im Innern des kantigen Baublocks von fast 150 Meter Länge und 30 Meter Höhe eine Vier-Iwan-Anlage (Abb. 21). In diesem Fall konnte jeder Iwan einer der vier sunnitischen Rechtsschulen als Hörsaal dienen. Die Wohnzellen für die Studenten sind in mehreren Geschossen um eigene kleine Höfe untergebracht. Zugleich diente die Madrasa als Freitagsmoschee für das umliegende Stadtviertel.

Mausoleen wurden natürlich ebenso als eigenständige Bauwerke errichtet. Die juristische Diskussion, ob ein Bauwerk über einem Grab überhaupt zulässig sei oder ob sie zu einem Personenkult führe, der vom wahren Glaube ablenke, wurde im 9. Jahrhundert mit Vehemenz geführt. Schon daran lässt sich ablesen, dass Grabbauten damals an Beliebtheit gewannen. Ab dem 10. Jahrhundert sind mehr und mehr Bauwerke erhalten, die als Mausoleen identifiziert werden können. Sehr häufig sind es überkuppelte Zentralbauten. Damit schließt diese Baugattung an die christlichen Memorialbauten des Mittelmeerraumes an, die den geheiligten Ort mit einer Art Baldachin überhöhten; aber auch eine eigenständige zentralasiatische Tradition von Kuppelbauten ist zu erkennen. Die Kuppel über dem Raum mit quadratischem oder achteckigem Grundriss, mit oder ohne Umgang, wurde damit zum gebräuchlichen Typ der «Architektur für Tote»; er findet sich in den seldschukischen Grabbauten Irans und Anatoliens ebenso wie in den fatimischen Mausoleen von Assuan und Kairo oder bei den Heiligengräbern im islamischen Westen. Eine Dekoration der Grabbauten mit pflanzlichen Motiven wird häufig als Verheißung

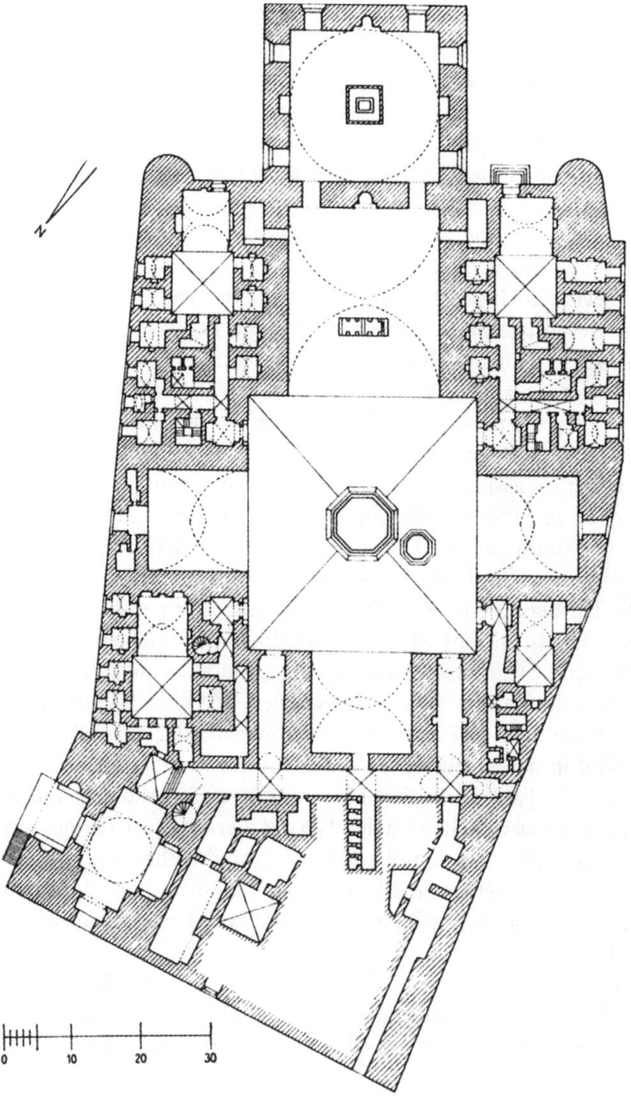

21 Moschee-Madrasa des Sultans Hasan, Kairo, 1361, Grundriss

des Paradieses interpretiert. In ähnlicher Weise deutet man gerne die Zahlensymbolik, wenn beispielsweise ein achtseitiges Bauwerk mit den acht Toren des Paradieses in Verbindung gebracht wird.

Kehren wir zur Moscheearchitektur zurück, so ist als zusätzliches Element der Turm zu nennen. Unser Wort «Minarett» ist eine Ableitung aus dem arabischen *manar*, das ursprünglich «Leuchtturm» bedeutet. Die Moschee von Kairouan besaß bereits 836 einen Turm, der sich auf quadratischem Grundriss 35 Meter hoch erhebt. Mit seinen etwas zurückgesetzten oberen Geschossen geht er möglicherweise noch auf das Vorbild antiker Leuchttürme zurück – der berühmte Pharos von Alexandria stand zu dieser Zeit noch zum Teil aufrecht. Schon lange zuvor hatte man erhöhte Plattformen an den Ecken von Moscheebauten dazu gebraucht, den Gebetsruf möglichst weit erschallen zu lassen. Die frühesten Konstruktionen dieser Art sind um 700 in Medina und Kairo bezeugt, und auch die römischen Turmstümpfe an den Ecken der Großen Moschee von Damaskus konnten für den Gebetsruf genutzt werden. Die Verbreitung von Türmen, die in einer Stadtsilhouette oder einer Landschaft einen klaren Akzent setzen, kann jedoch nicht allein aus zweckmäßigen Erwägungen erklärt werden, sondern muss als Zeichen islamischer Präsenz verstanden werden. Seit dem 9. Jahrhundert errichtete man einzelne hohe Minarette, häufig gegenüber dem Betsaal in der Mittelachse des Gebäudes, wie dies auch in Kairouan der Fall ist. In den Minaretten von al-Andalus und im Maghreb entwickelte sich der Typ des vierkantigen Turmes weiter; dort ließen die Almohaden im 12. und frühen 13. Jahrhundert die Minarette von Marrakesch, Rabat und Sevilla errichten, deren Wände mit Blendbögen und Gittermustern gegliedert sind (Abb. 22).

Minarette in Ägypten wandelten den Typ des Turmes auf quadratischem Grundriss ab, indem schlanke Obergeschosse mit achtkantigem oder zylindrischem Schaft aufgesetzt wurden. Bis zum 14. Jahrhundert bildete sich hier ein Schema heraus, das vielfältig variiert wurde: Vorkragende Balkone trennen die Geschosse voneinander, und die Außenwände sind mit Blend-

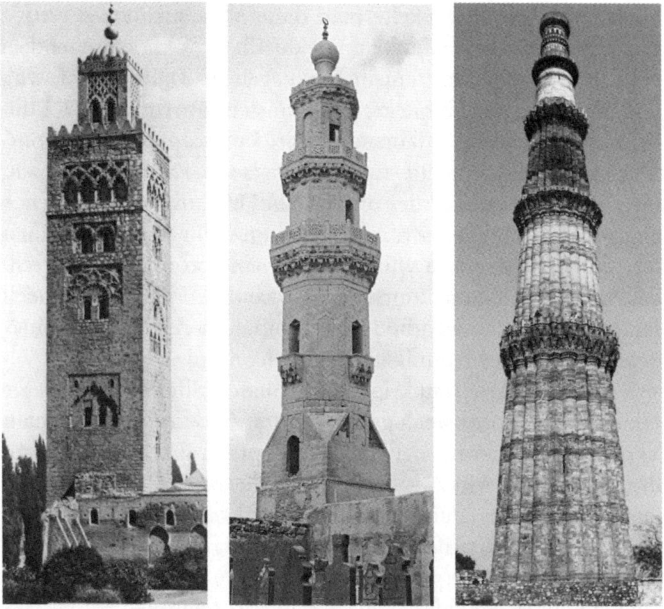

22 Drei Minarette: Kutubiya-Moschee, Marrakesch, 1158; sogenannte Turba as-Sultaniya, Kairo, Mitte 14. Jh.; Qutb Minar, Delhi, 1199 und später

bögen, Muschelnischen und weiterem Dekor versehen. Eine «Laterne» aus Säulen und einem kuppeligen Abschluss, häufig noch mit einem oberen Knauf, bildete die Turmbekrönung.

Zuvor schon hatten sich im Osten der islamischen Welt Minarette auf rundem Grundriss verbreitet: Sie überragen die Großen Moscheen von Buchara, von Damghan und Save, und mehrere stehen in Isfahan und in der umgebenden Oase, ohne dass in jedem Fall ein zugehöriger Moscheebau erhalten wäre. Diese schlanken, bis zu 50 Meter hohen Minarette sind aus Ziegeln gebaut und stehen allen Erdbeben zum Trotz bis heute aufrecht. Ihre Schäfte sind häufig mit Ziegelmustern verziert, die geometrische Figuren und Inschriften bilden. Gelegentlich wurde der Schaft auch als Bündel von Rundstäben gestaltet.

In Anatolien entwickelte man diese Minarettformen weiter. Der schlanke, sich leicht verjüngende Schaft mit hoch sitzendem Umgang, bekrönt mit einem spitzkegeligen Dach, wurde von den osmanischen Architekten in Haustein übertragen. In Edirne, der osmanischen Hauptstadt vor der Eroberung von Konstantinopel, wurde 1437–1447 erstmals eine Moschee gebaut, die vier Minarette an den Ecken des Hofes besaß, von denen eines drei Umgänge hatte. Der Bau von mehr als einem Minarett an einer Moschee wurde im Osmanenreich zum Vorrecht des Sultans und damit zum Machtsymbol. Ab 1453 verwandelten Minarette das Stadtbild von Istanbul, in dem sie die Standorte der Moscheen unmissverständlich anzeigen.

Die symbolische Funktion des Minaretts hat sich bis heute erhalten oder sogar noch gesteigert. Im Zeitalter elektronischer Verstärkung ist es für den Gebetsruf entbehrlich; der Streit um die Höhe von Minaretten bei Moscheebauten in deutschen Städten zeigt, dass dem Turm im Stadtbild weiterhin eine starke Signalwirkung für die Präsenz einer Religionsgemeinschaft in der Gesellschaft zukommt.

Den Bautyp der Kuppelmoschee, der in Anatolien bereits verbreitet war, griffen die osmanischen Baumeister nach 1453 erneut auf. Dabei spornte sie der Wunderbau der Hagia Sophia in einer Art Wettbewerb der Kulturen zu Höchstleistungen an. Die Palastkirche der byzantinischen Kaiser, 532–537 unter Justinian errichtet, bringt in ihrem Innenraum die gigantische Hauptkuppel zu voller Wirkung. Durch dieses Vorbild angeregt, experimentierten die ersten Sultansmoscheen in Istanbul mit der Anordnung von Halbkuppeln und Schildwänden unter der Hauptkuppel. Dabei waren auch griechische Baumeister tätig. Einen Durchbruch in der Konzeption der osmanischen Kuppelmoschee erreichte dann der Architekt Sinan (1490–1588). Schon sein erstes großes Werk, die «Prinzenmoschee» in Istanbul (1543–1548), zeigte, dass er die Elemente der Kuppelkonstruktion mit großer Konsequenz anwandte, indem nunmehr vier große Halbkuppeln die Hauptkuppel flankierten. Die Systematik dieser Ordnung durchdringt den ganzen Bau, wirkt aber nicht starr, sondern dynamisch. Die Teile des Baues sind in ihren Proportionen und in ihrer Anordnung darauf abgestimmt, einerseits die Masse des Bauwerks zur Geltung zu bringen und sie andererseits bewegt erscheinen zu lassen.

In seinem zweiten Hauptwerk, der Moschee des Sultans Süleyman (1550–1557), übernahm Sinan das Gewölbeschema der Hagia Sophia, indem zwei Halbkuppeln die Hauptkuppel in der Längsachse abstützen, während durchfensterte Schildwände den Raum in der Querachse abschließen (Abb. 5). Trotz dieser Längsausrichtung in der Gewölbezone wirkt der Innenraum in der unteren Zone weit und unverstellt. Er ist in der gesamten Breite des Grundrissquadrats als Betsaal nutzbar. In seinen kleineren Moscheen ging Sinan in der Vereinheitlichung des Raumes noch weiter. Die Hauptkuppel wird entweder unmittelbar auf die Wände des Raumquadrats aufgesetzt oder mit zusätzlichen Pfeilern gestützt, so dass sich eine sechs- oder achteckige Grundfigur ergibt. In der Istanbuler Moschee des Großwesirs Sokollu Mehmet Paşa (1571) schließt die Kuppel nahtlos an die sechs hohen Bögen an, die den Innenraum umgreifen (Abb. 31). Bemerkenswert ist hier auch die Einheit von Bau und Dekor. Die Iznik-Fliesen, die auf die Architektur Bezug nehmen, wurden auf Maß für die vorgesehenen Felder gefertigt. An vielen kleineren Moscheen führten die besonderen Herausforderungen der städtebaulichen Situation zu ungewöhnlichen und reizvollen Lösungen – sei es, dass die Hanglage eine gestaffelte Anordnung der Gebäudeteile erforderte, sei es, dass die Moschee durch ein Sockelgeschoss aus der umliegenden Bebauung herausgehoben wurde. Sinans Werk gipfelt in der Moschee Sultan Selims II. in Edirne (1564–1575). An diesem Bau lenkt nichts von der Wirkung der Hauptkuppel ab, die den Moscheeraum über acht Pfeilern beschirmt und zentriert. Die «Selimiye» kann sich in jeder Hinsicht mit der Hagia Sophia messen.

Das Werk Sinans hat die Moscheearchitektur des Osmanischen Reichs so stark geprägt, dass seine Entwürfe über mehrere Jahrhunderte wiederholt und variiert wurden. Die berühmte Blaue Moschee in Istanbul, von einem Schüler Sinans errichtet, kopiert das Schema der Prinzenmoschee; die Abweichungen sind unter anderem auf konstruktive Vorsicht bei den gesteigerten Dimensionen zurückzuführen. Bis heute hält die Nachwirkung Sinans an; noch immer werden Moscheebauten in der Türkei und in anderen Ländern – auch in Mitteleuropa – errichtet, die vorgeblich oder tatsächlich seine Entwürfe oder seinen Stil kopieren.

Es muss jedoch betont werden, dass es nicht Sinan war, der den Typ der Einkuppelmoschee auf quadratischem Grundriss mit dem flankierenden bleistiftförmigen Minarett geprägt hat. Dieses Schema war zu seiner Zeit bereits fest etabliert. Es kam fast planmäßig in den neu eroberten Provinzen des Reiches zur Anwendung. In Nordmesopotamien, Syrien und Ägypten errichteten osmanische Gouverneure Moscheen dieses Typs. Der Schluss liegt nahe, dass die Kuppelmoschee, vor allem aber das «Bleistiftminarett», als Zeichen osmanischer Herrschaft galt, die die Städte auf dem Balkan und im östlichen Mittelmeerraum seit dem 16. Jahrhundert sichtbar prägte.

Als «Bildtypus» der Moschee hat sich damit die Kombination von Kuppel und schlankem, zugespitztem Turm fest eingeprägt. Wie bereits gesagt, ist keines der beiden Elemente funktional erforderlich, wenn man die Moschee auf ihren Zweck reduziert, dem islamischen Gemeindegebet zu dienen. Andere Stücke ihrer Ausstattung – vorgelagerte Waschgelegenheit, Teppiche auf dem Boden, Bücherschrank, Uhr und angemessene Beleuchtung – sind für die Erfüllung dieser Funktion viel wichtiger. Auch von diesen nicht-architektonischen Elementen haben sich einige im verbreiteten Bildtypus der Moschee verankern können, etwa die Beleuchtung in Gestalt eines Kronleuchters. Für die Moschee als Symbol der muslimischen Glaubensgemeinschaft an einem konkreten Ort ist aber die Verbindung von Kuppel und Minarett entscheidend geworden.

4. Paläste und Palaststädte

»Fürst Talaal sprang von seinem Kameele, und in demselben Augenblicke standen alle Reiter am Erdboden; es sollte kurze Rast gehalten werden, um mir Gelegenheit zu bieten, das nordwärts gelegene Schloss kusejr ʿamra zu besichtigen. [...] Ich betrete es: überrascht sehe ich an den Wänden Spuren von Malereien, ich durcheile die wenigen Räume, alle sind mit Wandgemälden geschmückt [...].»

Was der Orientforscher Alois Musil in seiner Reisebeschreibung unter dem Datum des 9. Juni 1898 in knappen Worten wiedergibt, war für die Kunstgeschichte eine bahnbrechende Entdeckung. Zuvor hatte niemand für möglich gehalten, dass ein islamisches Bauwerk mit figürlichen Malereien ausgeschmückt sein könnte. Doch in Qusair Amra sind hunderte menschlicher Figuren zu sehen (Abb. 8). Das kleine Bauwerk entstand um 730–740, unter dem Kalifat der Umayyaden. Es gehörte zu einer kleinen Residenz in der Steppe des Ostjordanlandes, von der ansonsten nur sehr geringe Reste erhalten sind; der eigentliche Wohntrakt, ein kastellähnliches Gebäude mit Ecktürmen, ist fast gänzlich zerstört.

Der noch bestehende Bau setzt sich aus einer dreischiffigen Empfangshalle und einem anschließenden Badetrakt mit kleinen gewölbten Räumen zusammen. Wand- und Deckenmalereien bedecken fast alle Flächen. Sie zeigen Ringkampfszenen, Tänzerinnen, Bauleute bei der Arbeit und eine Treibjagd auf Wildesel; an der Stirnwand des Mittelschiffs ist ein thronender Herrscher zu sehen, dem von den Seiten Luft zugefächelt wird. Einige Bilder erklären sich leicht aus der Funktion des Bauwerks als Jagdschloss; andere sind auch mit genauer Kenntnis der Geschichte des 8. Jahrhunderts kaum zu verstehen und regen zu Spekulationen über mögliche Bildvorlagen an. Manche Szenen könnten sich in unmittelbarer Nähe der Malereien abgespielt haben. Doch die Herrscher fremder Reiche, die dem thronenden Kalifen in der Mittelnische grüßend gegenübergestellt sind, waren mit Sicherheit niemals in Person an einem Ort versammelt.

Der Bauherr von Qusair Amra, wahrscheinlich der Kronprinz des arabisch-islamischen Reiches der Umayyaden, hielt sich gerne in der Wüstensteppe auf, wo die Möglichkeiten für die Jagd günstig waren. Weitere umayyadische Paläste sind erhalten, die abseits der Städte lagen: Qasr al-Hair in der syrischen Wüste, Mshatta am Rande der Steppe des Ostjordanlandes, Khirbat al-Mafjar im Jordantal bei Jericho und Khirbat al-Minya am See Genezareth seien hier genannt. In den Schlössern wurden Feste gefeiert, bei denen es nicht ohne Wein und Lieder abging. Die Umayyaden empfingen hier aber auch Gäste, mit denen sie über Politik zu sprechen hatten, nämlich die Oberhäupter der Stämme, die in diesen Gegenden nomadisierten und auf deren militärischer Schlagkraft die Macht des Kalifats beruhte. Damit griffen die Umayyaden eine Praxis auf, die von den arabischen Fürsten im vorislamischen Syrien gepflegt worden war, die als Klientelherrscher der Römer regierten. Ein weiterer Zweck der umayyadischen Landschlösser war die Verwaltung landwirtschaftlicher Güter, die von hier aus betrieben wurden.

Die Hofkultur dieser kleinen Residenzen drückt sich in ihrer Gestaltung aus, die auf Luxus, aber nicht immer auf Großartigkeit ausgerichtet war. Die kastellähnlichen Außenmauern, die aber für eine ernsthafte Verteidigung nicht ausgereicht hätten, bargen eine Innenhofanlage mit Räumen, die eher wohnlich als palastartig zu nennen waren. Der reiche Baudekor mit Mosaiken, Stuckreliefs und Malereien war teils bildlich, teils ornamental und diente dazu, einerseits die Größe des Bauherrn darzustellen, andererseits eine Atmosphäre entspannten Genusses zu vermitteln. Stellenweise steigerten sich aber die repräsentativen Züge dieser Palastarchitektur. Die Empfangshalle mit Badetrakt in Qusair Amra bleibt in den Dimensionen noch recht bescheiden (sie entspricht einem verbreiteten Bautyp kleiner Badeanlagen) – weitaus beeindruckender war die fast gleichzeitig errichtete Badehalle von Khirbat al-Mafjar. Sechzehn Pfeiler teilen die Halle in fünf Schiffe, über denen sich Gewölbe und Kup-

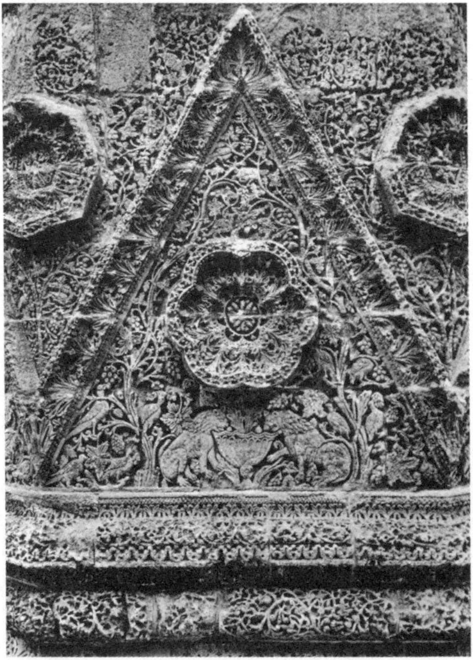

23 Palastfassade, Mshatta (Jordanien), Relief, um 745. Berlin, Museum für Islamische Kunst

peln zur Mitte hin steigerten. Der plastische Schmuck der Steinarchitektur wurde durch reichen Stuckdekor ergänzt. Der Fußboden war – abgesehen von dem langen Wasserbecken im Seitenschiff – vollständig mit Mosaiken bedeckt. Eine Apsis mit Blendnischen schloss das Mittelschiff in der Art einer Thronnische ab, während ein seitliches Gemach mit exquisiter Ausstattung offenbar den weniger offiziellen Empfängen diente.

Eine Steigerung der Dimensionen, die dem Besucher eher imponieren als gefallen sollte, zeichnet auch das (vermutlich) späteste der umayyadischen Schlösser aus: Mshatta. Die im Berliner Museum für Islamische Kunst ausgestellte Schaufront mit ihrem reichen Reliefschmuck (Abb. 23) bildete nur den Mittelteil der insgesamt 144 Meter breiten Fassade. Die streng axiale Anlage leitete den Besucher vom fein dekorierten Haupttor durch einen Vor- und einen Haupthof zur dreibogigen Fassade einer Halle. In diesem Gebäude führten Arkadenreihen zu einem Empfangssaal mit drei Apsiden um eine zentrale Kuppel. Die Wohntrakte zu beiden Seiten waren viel bescheidener angelegt als dieser grandiose Mitteltrakt. Eine Moschee war in diesem Ensemble seitlich neben dem Haupttor untergebracht; sie zeichnet sich in der Fassade dadurch aus, dass der reiche Dekor rein pflanzlich, ohne jede Tierdarstellung, gestaltet ist. Das islamische Bekenntnis des Palastherrn war somit in der Gestaltung des Baues präsent, bestimmte aber keineswegs seine Anlage.

In der Abbasidenzeit griff der Kalifenhof stärker auf das Erbe des Sasanidenreiches zurück. Die Person des Kalifen genoss nun eine Verehrung, die sich in strenger Abschirmung von den Untertanen ausdrückte. Die früheste erhaltene Palastanlage im Irak, al-Ukhaidir in der Wüste westlich von Najaf, wurde nicht für den Kalifen erbaut, sondern für ein anderes Mitglied der Dynastie. Der Palast ähnelt Mshatta in den Grundzügen seiner Anlage mit einer repräsentativ gestalteten Mittelachse und seitlichen Wohntrakten. Die Bautechnik und einige Elemente der Architektur entstammen jedoch direkt der sasanidischen Tradition.

In den großen Palastanlagen der Abbasiden finden sich diese Elemente vervielfacht und verfeinert. In Bagdad, das 762 gegründet wurde, sind keine Reste der Kalifenpaläste erhalten. Raqqa am Euphrat, das unter Harun ar-Rashid zur Residenzstadt wurde, besaß ein ausgedehntes Residenzviertel vor den Mauern der Stadt. Jeder der verschieden großen Palastkomplexe besaß mindestens einen Hof, an dessen Schmalseite ein Empfangssaal mit einer quer vorgelagerten Portikus lag. Die Wände waren mit Stuckbändern dekoriert, in denen stilisierte Weinranken mit geometrischen Motiven abwechseln.

Regelrechte Palaststädte wurden angelegt, als sich die Abbasidenkalifen zunehmend vom Leben in ihrer Hauptstadt abwandten. 836 wurde Samarra am Tigris gegründet und der Hof aus Bagdad dorthin verlegt. Der Palast des Kalifen erhob sich mit dem Hauptportal über einer breiten Freitreppe am Ufer des Tigris und erstreckte sich in endlosen Folgen von Gängen, Höfen, Sälen und Kammern über ein gewaltiges Areal, an das sich

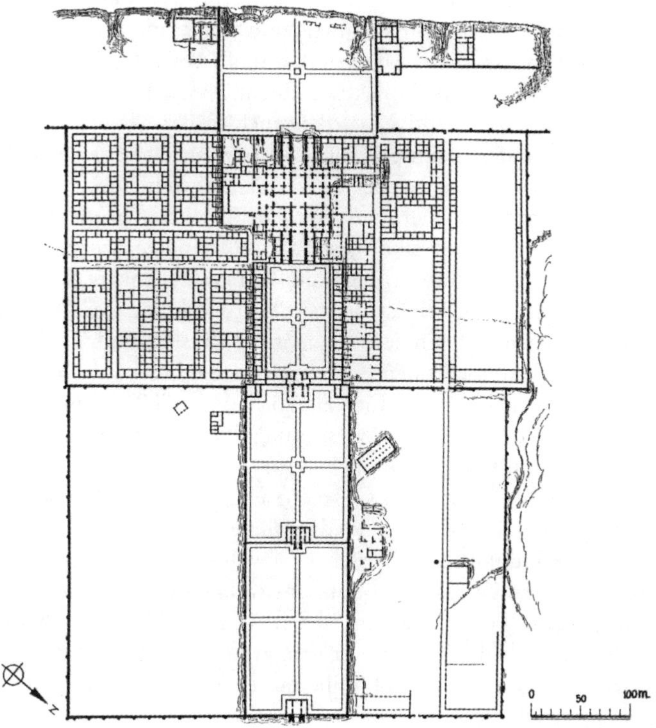

24 Balkuwara-Palast, Samarra (Irak), Grundriss, um 849–859

weite Gärten und eine Pferderennbahn anschlossen. In der Folge wurden in Samarra noch weitere Paläste gegründet, die zum Teil ähnliche Dimensionen aufwiesen. Allen gemeinsam ist die strikt axiale Anlage. Der Empfangssaal lag jeweils im Zentrum eines kreuzförmig angelegten Traktes (Abb. 24).

Die Ausstattung der Paläste von Raqqa und Samarra gibt eindrucksvoll Zeugnis von der materiellen Kultur am Kalifenhof. Wandflächen waren vor allem in der Sockelzone reich mit Stuck verziert, während die oberen Zonen häufig mit Wandmalereien bedeckt waren. Aufwändig gefertigte glasierte Fliesen bilden die

Ausnahme. Holzbalken, die die Decken trugen, waren ebenfalls bunt bemalt. Als Motive fallen zum einen die Muster des «Schrägschnittstils» ins Auge, in denen die Abstraktion von den pflanzlichen Ursprüngen des Ornaments einen Höhepunkt erreichte. Dieselben Motive wurden auch in der Malerei umgesetzt. Zum anderen sind figürliche Darstellungen in den Wandmalereien häufig – entweder in Verbindung mit Ornamenten, wenn beispielsweise Tier- und Menschenfiguren in große Akanthusranken eingefügt sind, oder als selbständige Szenen, wie etwa ein Paar von Tänzerinnen, die Wein einschenken. Schwieriger zu rekonstruieren ist die textile Ausstattung der abbasidischen Paläste. Erhaltene Fragmente in Museen und Kirchenschätzen geben noch einen Eindruck von den kostbaren Seidenstoffen, die mit Sicherheit auch als Vorhänge und Bespannungen verwendet wurden. In ihrer Gestaltung dominieren Medaillons, die häufig mit Tieren – Doppeladlern, Paaren von Löwen oder Fabelwesen – gefüllt sind. Geometrische Muster, arabische Inschriften oder Tierfriese bilden die rahmenden Bänder.

Die Bekundung herrscherlicher Gewalt durch die Gründung von Palaststädten blieb nicht auf das Kalifat der Abbasiden beschränkt. Im Westen der islamischen Welt, in al-Andalus, hatte nach dem Ende des Kalifats der Umayyaden 750 der überlebende Zweig der Umayyadenfamilie ein eigenes Emirat errichtet, dessen Hauptstadt Córdoba im 10. Jahrhundert zur Weltstadt aufstieg. Nachdem der Emir Abd ar-Rahman III. den Titel des Kalifen angenommen hatte, gründete er 936 außerhalb von Córdoba eine neue Residenz, die Madinat az-Zahra genannt wurde, «die blühende Stadt». Die Außenmauern der Gesamtanlage beschreiben ein Rechteck von eineinhalb Kilometern Länge, bei dem nur die nördliche Langseite unregelmäßig dem Berghang angepasst ist. Der Palastbereich im Zentrum der Anlage ist durch ein Tor in der Mitte dieser Seite zugänglich. Mehrere Baukomplexe, in denen jeweils kleine Räume um einen Innenhof angelegt sind, gehörten wahrscheinlich zum Wohnbereich. Der Empfangsbereich ist dagegen durch ausgedehnte Höfe und Terrassen charakterisiert, die jeweils von einer symmetrisch angelegten Halle überblickt werden. Der sogenannte «Reiche

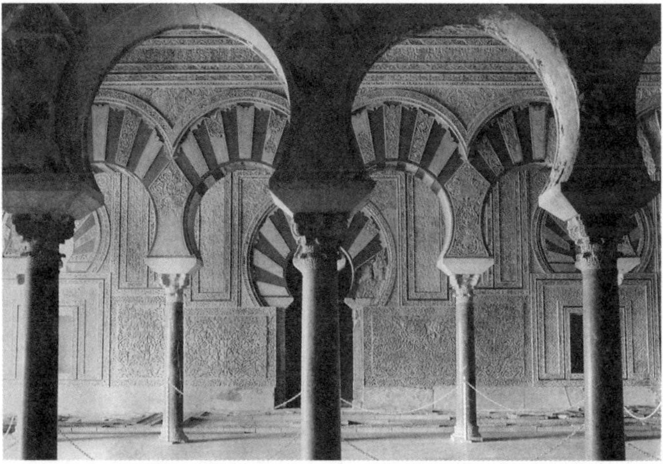

25 Madinat az-Zahra bei Córdoba, «Reicher Saal», Mitte 10. Jh., Inneres

Saal» besteht aus einem dreischiffigen mittleren Trakt, dem eine Portikus quer vorgelagert ist. Zu beiden Seiten sind Nebenräume angelagert (Abb. 25). Im Baudekor des «Reichen Saales» fallen zum einen die marmornen Pilaster, Säulenbasen und Kapitelle ins Auge, die noch als Ableitung aus dem spätantiken korinthischen Kapitell zu verstehen sind. Zum anderen sind die Wände mit marmornen Reliefplatten geschmückt, in denen sich Ranken lückenlos und teilweise asymmetrisch mit verflochtenen Stängeln, dicken Blättern und Blüten ausbreiten.

Das Erscheinungsbild der Anlage wird durch die breit gelagerten Baukörper mit flach geneigten Dächern und durch die Arkaden mit Hufeisenbögen bestimmt. Die halb geöffneten Räume mit vorgelagerten Portiken machen einen gestaffelten Übergang von innen nach außen, von der Pracht des Empfangssaals in die geordnete Natur des umliegenden Gartens erlebbar. Zum ersten Mal in der Geschichte der islamischen Palastarchitektur ist hier die enge Verbindung von Gebäuden und Gärten zu sehen, die im Vorderen Orient bereits auf eine längere Tradition zurückblickte.

Palaststädte nach dem Vorbild von Samarra entstanden auch im Osten der islamischen Welt. Im heutigen Afghanistan errichtete um 1000 der ghaznavidische Sultan Mahmud am Ufer des Flusses Hilmand seine Residenz Lashkar-i Bazar. Über mehrere Kilometer erstreckten sich Gärten, in denen die ein- bis zweigeschossigen Palastbauten lagen. Im Hauptpalast reihen sich auf der 500 Meter langen Mittelachse hintereinander der Torbau und ein kreuzförmig angelegtes Vestibül, ein weiter Vier-Iwan-Hof als Mittelpunkt der Anlage, ein Empfangsraum und schließlich ein Iwan, der sich auf dem Steilufer zur Flusslandschaft hin öffnet. Dieser Iwan war mit Wandmalereien geschmückt, die die Leibgarde des Sultans in kostbaren Kleidern in einer Art Prozession zeigten.

Sowohl im Palast von Lashkar-i Bazar als auch in dem wenig später entstandenen Palast von Ghazni bildet der Vier-Iwan-Hof das zentrale Element. Diese Bauform war bereits in vorislamischen Palästen des Vorderen Orients verwendet worden. In bescheidenen Dimensionen war sie außerdem in Wohnhäusern verbreitet. Kleine Vier-Iwan-Höfe bildeten auch den Mittelpunkt der Paläste der Ayyubiden-Fürsten in Syrien. Der Palast auf der Zitadelle von Aleppo, der in wesentlichen Teilen in das späte 12. Jahrhundert zu datieren ist, besaß gleich mehrere solcher Einheiten, die aber nicht besonders groß waren. Schriftliche Quellen berichten, dass der Palast auf der Zitadelle nach einem Brand 1212 restauriert wurde und den Namen «Palais der Gestalten» (Dar ash-Shukhus) erhielt. Das lässt auf eine Ausmalung mit zahlreichen figürlichen Gestalten schließen, von der aber keine Reste erhalten sind. Ein charakteristisches Merkmal des Palastes ist das prachtvolle Portal, das durch farbliche und plastische Vielgestaltigkeit beeindruckt (Abb. 14). Lagenweise wechseln schwarzer Basalt und gelber Sandstein miteinander ab. Die Portalnische wird oben von einer reich ausgeformten Muqarnas-Halbkuppel abgeschlossen, deren Zellen sich kaskadenartig nach unten vervielfachen. Geometrisches Flechtwerk aus Basalteinlagen rahmt die Nische oben ein, und ein ähnliches Muster ist auf dem Rahmen der eigentlichen Türöffnung eingemeißelt. Für einen Besucher des Palastes demonstrierte das Portal den Glanz des Fürsten, während der dahinter liegende Iwan-Hof eher für den Empfang im kleinen Kreis in luxuriöser Atmosphäre geeignet war.

Weitere Paläste aus dieser Zeit sind in Syrien in den Zitadellen von Bosra und Harim sowie in den Burgen von Qal'at Najm, und Sahyun (Salah ad-Din) erhalten. Sie alle haben starke Ähnlichkeit mit dem Zitadellenpalast von Aleppo. Ihre bescheidenen Abmessungen sind nicht so sehr mit der Kleinteiligkeit der politischen Landschaft zu begründen; vielmehr zeichnet sich hier ein Typ der herrscherlichen Residenz ab, der sich von den ausgedehnten Palästen der Abbasiden deutlich absetzt: Die Gesellschaften, die sich hier versammelten, waren überschaubar, und die persönliche Begegnung mit dem Fürsten spielte eine wichtige Rolle.

Zwei besondere Elemente dieser Paläste des 12. bis 13. Jahrhunderts sind hier hervorzuheben: Fließendes Wasser in den Räumen der Residenz schätzte man sehr. Aufwändige Hebewerke müssen dafür eingerichtet worden sein, um in dem kleinen Palast auf der Burg Qal'at Najm am Euphrat zwei kleine Wasserfälle die Treppen hinabstürzen zu lassen. Ansehnliche Badeanlagen waren mit den Palästen von Aleppo und Sahyun verbunden. Das zweite Merkmal ist die Befestigung. In Kairo ebenso wie in Damaskus, in den kleineren Fürstentümern von Homs, Hama und Bosra, auch in den Kleinstaaten Nordmesopotamiens und Anatoliens waren die Residenzen Teil einer Zitadelle, die die Hauptstadt militärisch beherrschten. Der befestigte Herrschersitz konnte auf diese Weise zur Verteidigung der Stadt beitragen; er bildete aber auch die Kontrolle der Stadt durch den Fürsten architektonisch ab. Der massige Torbau der Zitadelle von Aleppo, zu dem eine Brückenrampe über den tiefen Graben hinaufführt, war nicht nur ein wirksames Element der Befestigung, sondern auch ein Symbol herrscherlicher Gewalt.

Die Alhambra in Granada setzt die eben genannten Elemente in eindrucksvoller Weise in Szene. Im 14. Jahrhundert, als sie ausgebaut wurde, war das Emirat von Granada bereits zu einem

Kleinstaat herabgesunken, der politisch von den christlichen Königen von Kastilien abhing. Dennoch waren die Emire und ihre Baumeister in der Lage, ein Gesamtkunstwerk zu schaffen, in dem sich Architektur und Dekor mit der geregelten Natur der Gärten in raffinierter Harmonie verbinden. Die Formen, deren sich die Baumeister bedienten, hatten sich im islamischen Westen seit dem 12. Jahrhundert herausgebildet und waren weiter verfeinert worden. Schon die Madrasen der Merinidensultane in Fes und Meknes, die in der Generation vor der Alhambra entstanden, zeichnen sich durch Arkadenhöfe aus, deren schlanke Säulen beinahe zu zart für die von ihnen getragenen Wandpartien wirken, und die Abfolge von farbigen Fliesen in der Sockelzone, fein gesponnenem Stuckdekor in den oberen Wandpartien und geschnitztem Holz in der Gebälk- und Deckenzone ist bereits hier zu sehen.

In der Alhambra sind mehrere selbständige Palasthöfe neben- bzw. hintereinander gruppiert. Sie bilden den Kern der befestigten Residenz, die eine eigene, für den Herrscher reservierte Bergstadt darstellt. Kleinere Palasteinheiten befinden sich in den Türmen der äußeren Umfassungsmauer. Im Kernbereich schließt sich an den Saal des Staatsrates der «Vergoldete Hof» an, der mit seiner zweitürigen Fassade den Zugang zum Inneren des Palastes bezeichnet. Im sogenannten «Myrtenhof» kontrastiert die Einfachheit der Seitenflügel mit den reich ausgestalteten Stirnseiten, von denen die nördliche auf den Empfangssaal vorbereitet. Hinter einer quer gelagerten Portikus mit schlanken Arkaden folgt der hohe aufwändig dekorierte Saal, der im Innern eines Turmes liegt. In der unteren Zone geben Fensternischen den Blick über die Stadt frei, während die hochgewölbte Holzdecke mit ihren Sternmustern die Übereinstimmung der fürstlichen Herrschaft mit der himmlischen Harmonie andeutet. Jedes Element der Architektur ist durchgestaltet, keine Oberfläche des Raumes ist ohne Dekoration.

Das gilt auch für den zweiten größeren Komplex im Kernbereich der Alhambra, den Löwenhof. In seiner Mitte liegt ein Brunnen, dessen steinerne Schale von zwölf Löwen getragen wird. An den Schmalseiten des Hofes springen kleine Pavillons aus der Mitte der Arkadenfronten vor, während sich der Umgang an den Langseiten zu außen angelagerten überkuppelten Räumen öffnet. Kleine, sanft plätschernde Fontänen in den Pavillons und Kuppelräumen sind durch schmale Wasserrinnen mit der Hofmitte verbunden. Das Kreuz der Längs- und Querachse wird auf diese Weise erlebbar. Im Löwenhof ist der feingliedrige Stuckdekor im Vergleich zu den anderen Teilen des Palastes noch dichter und üppiger. Der Hof wird damit zu einem eigenen Kosmos, zwischen dessen Teilen enge Beziehungen herrschen (Abb. 28). Nur an wenigen Stellen ist der Blick nach außen möglich; er richtet sich auf definierte, gestaltete Zonen und ist architektonisch gerahmt. In den anschließenden Partien der Alhambra und des benachbarten Generalife-Gartens spielen die gärtnerischen Elemente noch eine stärkere Rolle. Das stehende und fließende Wasser, Bäume und Beete wurden als Teile der Palastanlage geplant, die den Aufenthalt angenehm machten und zugleich symbolisch verstanden werden konnten – als Gleichnis des Werdens und Vergehens, und als Ausblick auf das jenseitige Paradies.

Gärten waren auch in Iran und Indien bestimmende Elemente der Paläste. Der vierteilige Garten (*chahar bagh*) mit einem Achsenkreuz von Wegen geht mit Sicherheit auf vorislamische Zeit zurück. In islamischer Zeit wurden solche Palastgärten neu angelegt, die Architektur und die Bewässerungstechnik verfeinert. Besonders taten sich dabei die Herrscher aus der Dynastie der Timuriden hervor. Timur selbst residierte in der Nähe von Samarkand in einem Palast, der hinter dem großartigen Portal, den Gängen und Hallen des Eingangsbereiches zu weiten Teilen aus Garten bestand. Kleine Pavillons boten darin Gelegenheit zum Aufenthalt, während Timur selbst in einem gigantischen Zelt Besucher empfing – darunter auch den spanischen Gesandten Clavijo. Das Zelt drückte zum einen Timurs besonderen Adel aus, denn er betrachtete sich als Nachkommen des Dschingis Khans, des nomadischen Begründers eines Weltreiches. Zum anderen stellte er sich in eine einheimische Tradition, denn schon Herrscher des vorislamischen Iran hatten das Zelt im Garten als Residenz genutzt. Von den Palastbauten der Timuridenzeit ist nur wenig erhalten. Doch lässt sich ein charakteristischer Typ des Pavillons benennen, der seitdem in Iran gebräuchlich war. Es handelt sich um einen Zentralbau, dessen Räume zum Teil nach außen, zum Teil nach innen orientiert sind. Sein Name *hasht bihisht*, «acht Paradiese», leitet sich von den vier Iwanen in den Hauptachsen und den vier Räumen in den Ecken ab, die den Mittelraum umgeben. Abgeschrägte Ecken geben auch dem Grundriss die Form eines Achtecks.

Timurs Nachkommen in Indien nutzten die Möglichkeiten des Landes zur Anlage von Gärten. In den Terrassengärten von Kashmir wurde eine Verbindung von gestalteter Natur und Ausblick in die umgebende Landschaft angestrebt. Diese großräumige Planung geht einher mit feinster Ausgestaltung von Einzelheiten. Die nächtliche Illumination der Gärten, die mit großem Aufwand betrieben wurde, ist für den heutigen Betrachter nur noch schwer nachvollziehbar.

Ein Aspekt der Gartenarchitektur, der in Indien besonders ausgeprägt war, war die Einbeziehung von Mausoleen. Das arabische Wort *rauda* bezeichnet nicht nur den «Garten», sondern kann auch synonym für «Friedhof» verwendet werden, und *janna* heißt ebenfalls nicht nur Garten, sondern auch «Paradies». So war bereits in älteren islamischen Kulturen angelegt, was in Indien unter den Moghulkaisern in Monumentalität und Harmonie geschaffen wurde. Schon der Gründer der Dynastie, Babur, erhielt sein Grab in der Mittelachse des von ihm angelegten Gartens in Kabul. Für seinen Sohn Humayun wurde in Delhi ein großes Mausoleum errichtet, das die Mitte eines kreuzförmigen Gartens bildet. Nach seinem Grundriss mit vier Iwanen, die sich zwischen vier Eckpavillons nach außen öffnen, ist es ein *hasht bihisht*, ein Gartenpalast timuridischer Tradition. Über dem Mittelraum dominiert allerdings die zentrale Kuppel (Abb. 36). Damit steht das Bauwerk auch in der Tradition von Mausoleumsbauten, wie sie in Iran oder weiter westlich etabliert waren. Demselben Bautyp folgt, in verfeinerten Proportionen, auch das Taj Mahal in Agra.

Nach der Eroberung von Konstantinopel gründete der osmanische Sultan Mehmed II. die dortige Residenz neu. Die Landspitze zwischen Goldenem Horn, Bosporus und Marmarameer wurde befestigt und zum «Serail» (türk. *saray*) ausgebaut. Bis ins 19. Jahrhundert residierten hier die Sultane; von hier aus wurde das Osmanische Reich regiert, und hier lebten auch die weiteren Angehörigen der Dynastie und die Konkubinen der Sultane im Harem. Dem heutigen Betrachter erscheint es merkwürdig, dass die Architektur dieser Zentrale eines Weltreiches auf Monumentalität weitgehend verzichtet. Mit imposanten Fassaden präsentieren sich nur die beiden Tore des ersten und des zweiten Hofes. Gerade darin zeigt sich aber ein wichtiges Merkmal der Palastanlage: Das Serail der Sultane ist in konzentrische Zonen gegliedert, deren Zugänglichkeit von außen nach innen immer stärker eingeschränkt war.

In seinen Grundzügen geht das Serail auf das 15. und 16. Jahrhundert zurück, obwohl auch nachfolgende Herrscher immer wieder Bauten hinzufügten oder veränderten. In den Außenbereichen des Palastes waren Kasernen, Magazine und Schreibstuben untergebracht. Es folgten die Hofschule für die Ausbildung von Verwaltern sowie die Küchen, die einen guten Teil des zweiten Hofes in Anspruch nehmen. Hier befindet sich auch der «Diwan», der Saal des Ministerrates, von dem aus die Politik des Reiches gesteuert wurde. In der Anlage des Serails wurde den Bedürfnissen der Staatsführung Rechnung getragen, und die Einrichtungen, die ihr zuarbeiteten, waren hier untergebracht. Das Beziehungsgeflecht zwischen diesen Institutionen und Personen wird von der Architektur des Palastes nur unvollständig abgebildet; allerdings stellt sie den Sultan unmissverständlich ins Zentrum.

Kern der Anlage waren nämlich der Audienzraum des Sultans im «Haus der Glückseligkeit» und die privaten Wohnbereiche, die zum «Harem» gerechnet werden. Der Audienzraum gehört zum Komplex des dritten Hofes, einem Arkadenhof, dessen Südostflügel mit einer Loggia auf das Marmarameer blickt, während den Räumen der Nordwestseite, in denen Reliquien des Propheten Muhammad untergebracht sind, Terrassen mit Ausblick über das Goldene Horn vorgelagert sind. Der Audienzraum selbst ist klein. Hier wurden die Besucher von Palastbediensteten an den Armen vorgeführt, während der Sultan an der Stirnseite des Raumes auf einem niedrigen Podest saß. Besonderen Eindruck machte dabei auf die Besucher nicht so sehr die Präsentation seiner Person als der Weg zu ihm durch die Abfolge der Tore und die Reihen der Höflinge und Wachen.

Materieller Reichtum entfaltete sich in diesem Palast auch in den kostbaren Werkstoffen, die in handwerklicher Perfektion verarbeitet wurden – sei es in Fensterläden, die mit Schildpatt und Perlmutt eingelegt sind, sei es in den Teppichen und Textilien, von denen heute noch die Gewänder in den Vitrinen des Istanbuler Saray-Museums einen Eindruck geben. Durch Wandverkleidung und bewegliche Ausstattung wurde jeder Raum als separate Einheit gestaltet. Die Auffassung von Luxus, die das Serail der Osmanensultane prägte, lässt sich gut an den Pavillons ablesen, die im Gartenbereich hinter dem dritten Hof liegen. Vom Bautyp her handelt es sich um eingeschossige Zentralbauten. An den überkuppelten Mittelraum mit einem Brunnenbecken schließen sich iwanartige Erweiterungen an, die Raum zum Sitzen bieten. Die Wände sind mit Iznik-Fliesen dekoriert. Ein wichtiges Merkmal war das Sockelgeschoss, das den Bau über das Niveau der Beete hinaushebt: Von der erhöhten Terrasse schweift der Blick über die Stadtlandschaft von Istanbul mit den Meeresarmen. Inmitten der pulsierenden Hauptstadt, dem Zentrum des Reiches, konnte der Sultan zugleich die Welt schauen und selbst für die Masse seiner Untertanen so gut wie unerreichbar bleiben.

5. Das Ornament in der islamischen Kunst

Reisende aus Europa blicken bei Besuchen in der islamischen Welt zuweilen mit Erstaunen auf Kunstdenkmäler, die nachträglich verziert worden sind: Ein schön geschnitztes Grabmal, das mit bunten Stoffen zugedeckt ist, ein Mihrab, der mit einem

Rahmen aus Neonröhren eingefasst, oder eine fein reliefierte Inschrift, die mit türkisgrüner Ölfarbe angestrichen wurde. Diese Veränderungen sind aus der Sicht der Denkmalpflege natürlich höchst kritisch zu sehen – sie greifen oftmals tief in die wertvolle alte Substanz ein oder zerstören sie sogar. Davon abgesehen stellt sich aber die Frage, inwiefern die Dekoration eines bestehenden Objekts zur Praxis der islamischen Kunst passt und ihren Eigenheiten entspricht. So wurden beispielsweise die Hoffassaden der Freitagsmoschee von Isfahan im 15. und im 17. Jahrhundert mit einer Verkleidung aus glasierten Fliesen gänzlich neu gestaltet. Heute wird diese Veränderung des «ursprünglichen» Bauwerks von niemandem als unangemessener Eingriff bewertet.

Die Einschätzung ist weit verbreitet, dass islamische Kunst ihre größte Stärke in der dekorativen Gestaltung von Oberflächen besitzt. In der Tat zeigen Kunstwerke aus dem islamischen Kulturraum, dass in der rhythmischen Ordnung von Linien und der Gliederung von Flächen, in der Betonung ihrer Ausdehnung, ihrer Einteilung und Belebung starke ästhetische Reize liegen können. Die islamische Kunstgeschichte ist auch eine Geschichte von Entwicklungen und Innovationen auf dem Gebiet des Ornaments.

Dabei stellt sich das Problem, inwiefern Ornament und «Substanz» eines Gegenstandes überhaupt zu trennen sind. Im Hinblick auf Konstruktion und Herstellung ist diese Frage meist einfach zu beantworten. Für die optische Wahrnehmung hingegen spielt nur die Oberfläche eine Rolle, und man kann mit Recht hinterfragen, ob der Dekor als bloße Hinzufügung aufgefasst werden kann. Sicherlich ist bei den tauschierten Metallarbeiten aus Ostiran im 12. Jahrhundert oder bei Fliesenverkleidungen des 17. Jahrhunderts mehr Aufwand auf die Oberfläche als auf die plastische Durchformung des Ganzen verwendet worden; aber die Tatsache, dass solche Objekte und Bauten vielleicht besonders großflächig, als Träger von Dekor konzipiert wurden, bedeutet noch nicht, dass deshalb ihre Proportionen oder die Kurven von Bögen und Kuppeln weniger sorgfältig gestaltet wären.

Die islamische Kunst erbte das geometrische und das pflanzliche Ornament von der Spätantike, und zwar sowohl von deren hellenistisch-römischem als auch von deren sasanidischem Zweig. Eine der wichtigsten Entwicklungslinien spätantiker Kunst war die Ablösung der Plastizität durch Flächigkeit, des organischen Aufbaus durch die abstrakte Ordnung. Im Kapitel über das Verhältnis der islamischen Kunst zur Antike wurde bereits angedeutet, dass sich diese Entwicklung in islamischer Zeit ungebrochen fortsetzte. Schon in spätrömischen Fußbodenmosaiken in Syrien, Nordafrika und Spanien ist zu sehen, dass geometrische Muster nicht nur als Bordürenmotiv oder zur Einteilung der Fläche verwendet wurden. Sich überschneidende Kreise, sechs- oder achtzackige Sterne konnten dazu dienen, kleine figürliche Szenen in einem großen Feld anzuordnen, sie konnten aber auch selbst zum Motiv innerhalb eines Rahmens werden.

Diese Art des geometrischen Flächenornaments wurde in der islamischen Kunst weiter ausgearbeitet. Muster aus Kreisen, Rauten, Vielecken und Flechtbändern bedecken als farbiges Mosaik den Fußboden der Badehalle von Khirbat al-Mafjar. In der Umayyadenmoschee von Damaskus wurden Fenstergitter aus durchbrochenen Marmortafeln gearbeitet, in denen sich Kreise und gerade Linien überschneiden und Muster bilden (Abb. 26). Das Erscheinungsbild wird belebt, indem die Linien an manchen Stellen ausgezackt sind, so dass kleine Sterne entstehen. Ähnliche Muster finden sich im 9. Jahrhundert an den Seiten des Minbars von Kairouan. Geometrischer Dekor in Gestalt verflochtener Vielecke war auch in der Buchmalerei ein geläufiges Motiv, wie beispielsweise Frontispiz und Zierseiten verschiedener Koranhandschriften zeigen. Ein besonderes Merkmal fast aller dieser Muster ist der «unendliche Rapport» – sie sind nach allen Seiten beliebig weit fortsetzbar und nur durch den Ausschnitt des jeweiligen Rahmens begrenzt.

Angewandte Geometrie (arab. *handasa*) wurde in den islamischen Wissenschaften aktiv betrieben, und ihre Ergebnisse, beispielsweise bei der Konstruktion von Vielecken, flossen unmittelbar in die Kunst ein. Dadurch erreichte der geometrische

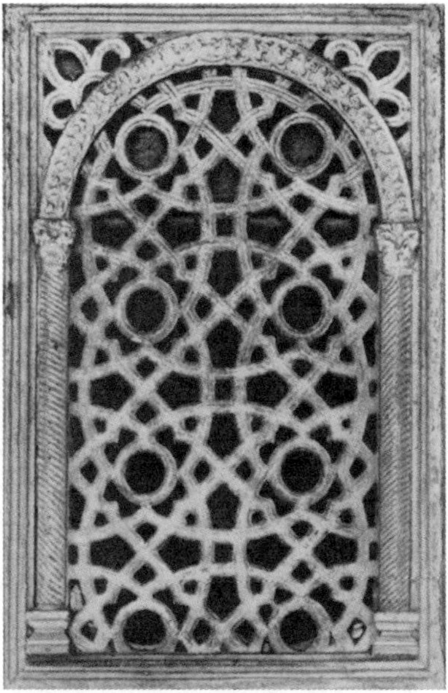

26 Umayyadenmoschee, Damaskus, um 705–715, Fenstergitter

Dekor ab dem 12. Jahrhundert einen hohen Grad von Komplexität. An den hölzernen Mihraben und Minbaren der Ayyubiden- und Mamlukenzeit, im Stuckdekor und in den Holzdecken der Alhambra, schließlich auch in den Illuminationen mamlukischer Prachtkorane (Abb. 29) kann das Auge kaum noch die verschiedenen Ebenen unterscheiden, auf denen sich die gewinkelten und verflochtenen Linien zu Sternen und Vielecken gruppieren. Ihre mehrfache Überlagerung verhindert eine eindeutige Wahrnehmung.

Immer wieder ist auf die Deutungsmöglichkeiten hingewiesen worden, die solche Muster bergen: So können sie als Hinweis auf die göttliche Ordnung des Kosmos verstanden werden oder im Sinne einer Zahlensymbolik. Angesichts der Verschiedenheit der geometrischen Entwürfe müssten diese Bedeutungen aber jeweils im Einzelfall nachgewiesen werden, was schwerfällt, wenn keine entsprechenden Äußerungen in zeitgenössischen Texten vorliegen.

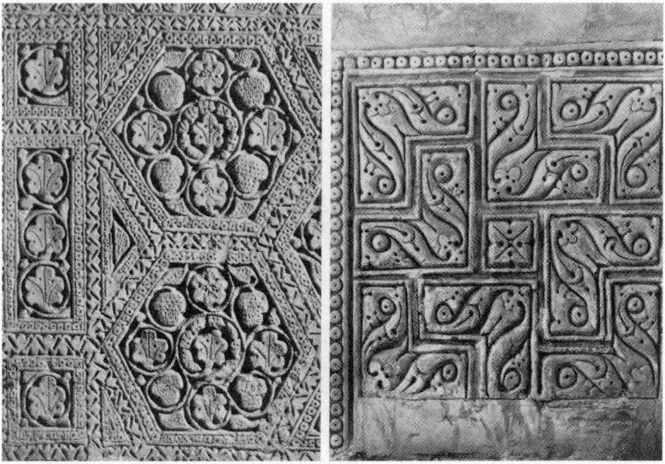

27 Samarra (Irak), Wanddekor im «Stil A» und im Schrägschnittstil, Mitte 9. Jh.

Unter den pflanzlichen Ornamenten der römisch-hellenistischen Kunst waren Weinranken und Akanthusblätter die wichtigsten. Diese Elemente waren bereits in der Spätantike einer Stilisierung unterworfen. Akanthusblätter des korinthischen Kapitells entfernten sich von ihrer naturalistischen Erscheinung und wurden mit grob gezackten Rändern und gebohrten Kerben vom Naturvorbild «abstrahiert». Am Ende dieser Entwicklung standen Kapitelle mit schematisierten, glatten Blättern oder solche, die gänzlich mit geometrisierten Mustern überzogen waren. Beispiele sind in der Großen Moschee von Córdoba und in Madinat az-Zahra zu sehen.

Die Weinranke wurde besonders vielseitig verwendet. Am Sockel der Fassade von Mshatta (um 745; Abb. 23) verläuft sie nach dem üblichen Schema einer in Wellen geschwungenen Linie, bei der sich in jeder Kurve ein Zweig nach innen einrollt. Die Variation der Blattformen, die kleinen Verästelungen und Überschneidungen der Enden verleihen der Ranke eine natürliche und lebendige Erscheinung, obwohl ihr Grundrhythmus ganz schematisch ist. Weiter oberhalb, in den Dreiecks-

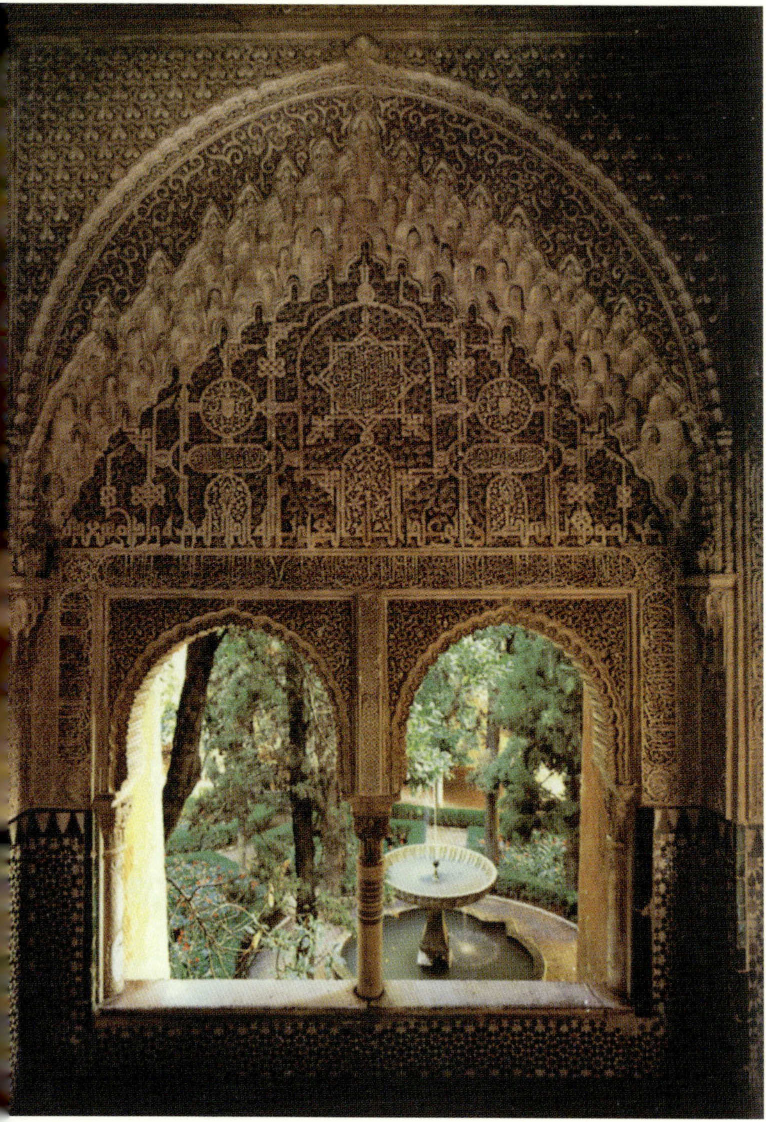

28 Alhambra, Granada, 2. Hälfte 14. Jh., Blick vom Mirador de la Daraxa

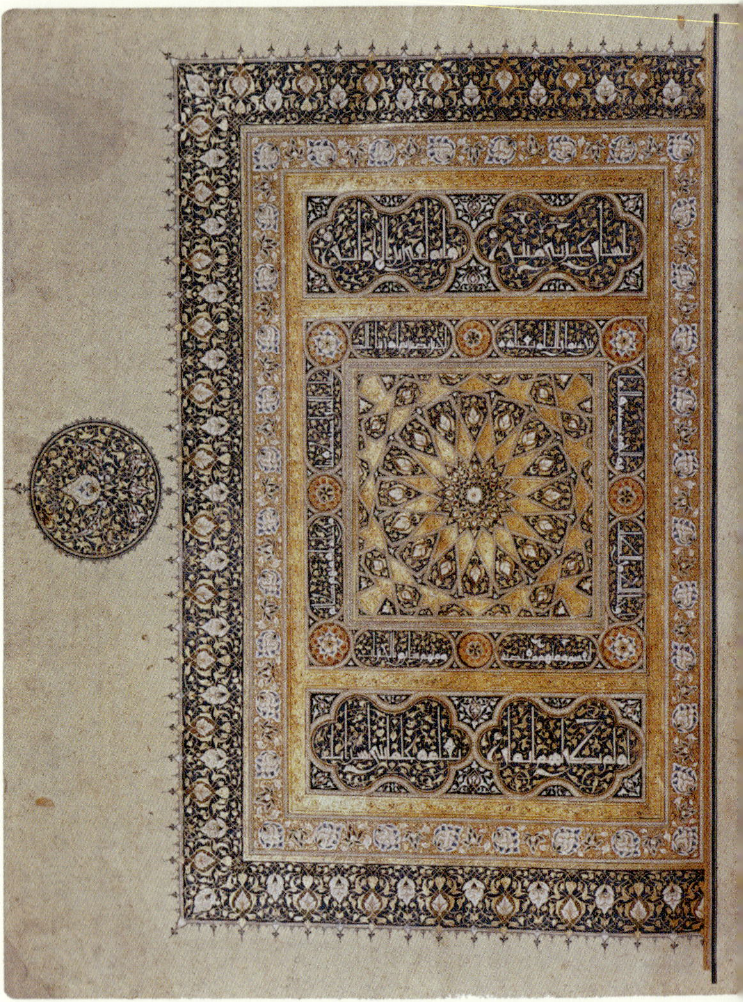

29 Koran-Titelblatt, Kairo, um 1367–1369. Kairo, Nationalbibliothek

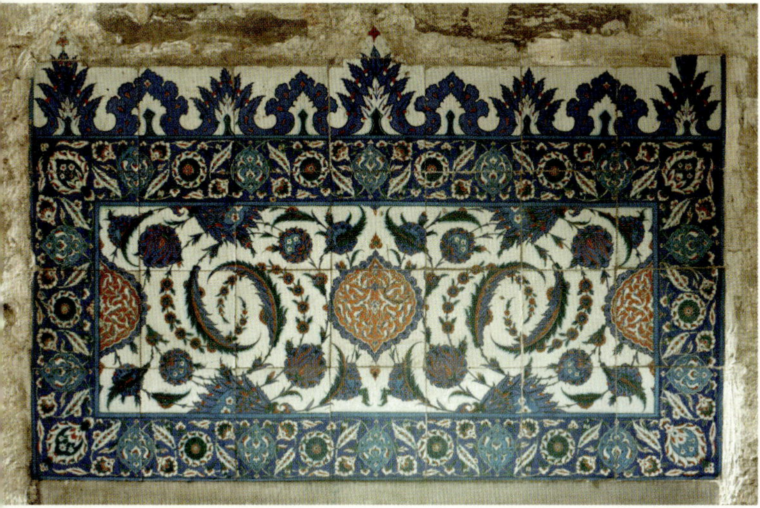

30 Iznik-Fliesenfeld. Moschee des Sokollu Mehmet Paşa, Istanbul, 1571

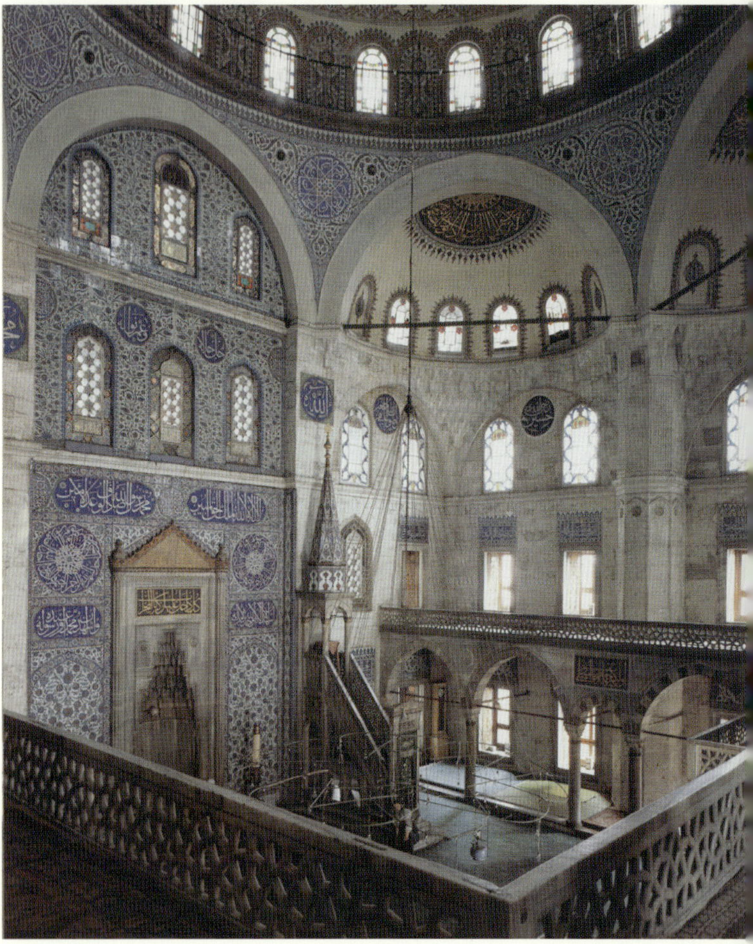

31 Moschee des Sokollu Mehmet Paşa, Istanbul, 1571, Inneres

feldern der Mauerflächen, wird die Weinranke dagegen als Flächenornament eingesetzt. Ihr Stamm wächst mittig aus einer Vase oder einem Kelch und teilt sich in Zweige, die in spiraligen Formen das ganze Feld bedecken. Trauben und Blätter verteilen sich zwischen den Ranken, und in einigen Feldern kommen sogar Tiere als belebendes Element hinzu. In der Ausarbeitung des Reliefs sorgen abgestufte Tiefenschichten dafür, dass einzelne Elemente durch Schatten modelliert werden.

Die Abstraktion des pflanzlichen Ornaments vom Naturvorbild nahm verschiedene Richtungen. Im Stuckdekor von Samarra wurden die Weinranken stark schematisiert: Eingepasst in geometrische Figuren, sind die Ranken und Blätter immer gleich geformt und exakt ausgerichtet (Abb. 27). Das Relief ist auf zwei bis drei Abstufungen reduziert. In dieser strengen Ordnung erscheinen die Weinranken kaum noch pflanzlich, sondern eher wie eine textile Arbeit mit Stickereien und Applikationen; sie ordnen sich der Gesamtwirkung vollkommen unter. Im sogenannten «Schrägschnittstil» dagegen scheinen die Ornamente Teil der Mauermasse zu sein, die zwischen den eingeschnittenen Konturen blasig hervortritt. Nur ansatzweise sind Blätter und Blütenkelche erkennbar; sie können aber keiner einzelnen aufwachsenden Pflanze mehr zugeordnet werden.

Wiederum anders gingen die Künstler im andalusischen Umayyadenreich mit den Ranken um: Stängel und Blätter sind deutlich zu unterscheiden; sie variieren in den Einzelformen, wobei auch sie sich weit von natürlichen Vorbildern entfernen. Besonders erfindungsreich sind die marmornen Wandfelder des «Reichen Saales» von Madinat az-Zahra. Mit asymmetrisch verschlungenen Ranken und immer wieder abgewandelten Blattformen schufen die Reliefkünstler hier einen wahren Dschungel. Weiter verbreitet waren aber schematisierte und fein verästelte Gebilde in erkennbarer geometrischer Ordnung.

In den fatimidischen Holzarbeiten, etwa den Türfüllungen von Moscheen, die aus dem 11. und 12. Jahrhundert in Kairo erhalten sind, durchdringen sich die Ranken mit Perlbändern, die geometrische Muster bilden; an manchen Stellen sind sie

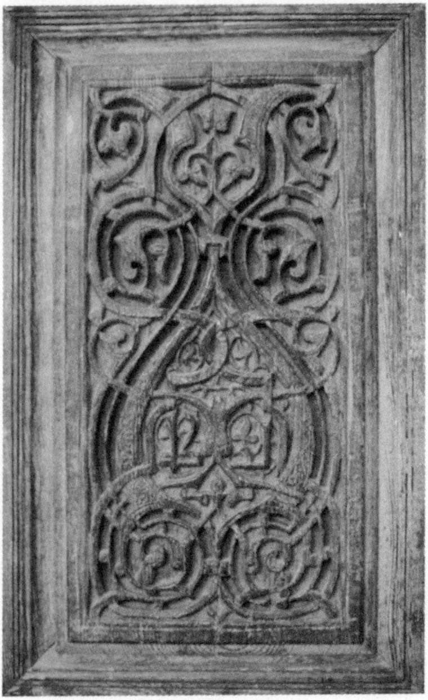

32 Dekorfeld aus einer Holztür, Ägypten, um 1100. Kairo, Museum für Islamische Kunst

zusätzlich mit Tierköpfen belebt. Auf dieser Entwicklungsstufe der Umformung pflanzlicher Motive kann man von regelrechten «Arabesken» sprechen (Abb. 32). Neben Abstraktion, Geometrisierung und Verflechtung der Ranken gehört zu den wichtigsten Merkmalen der Arabeske das Gabelblatt. Diese Erfindung muslimischer Künstler war besonders erfolgreich: Sie machte es möglich, die Verzweigung der Linien und die Verteilung der Massen in einer Rankenkomposition auf ästhetisch befriedigende Weise zu bewältigen. Das Marmorpaneel aus dem Palast von Ghazni (Abb. 4) stellt ein typisches Beispiel dar, das aber in seinen Grundzügen keineswegs streng an diese Epoche und Region gebunden ist. Denn als flächenfüllendes Ornament oder in kleinen Kartuschen verbreitete sich die Arabeske ab dem 12. Jahrhundert in der gesamten islamischen Kunst und wurde für Jahrhunderte zum bestimmenden Element des Flächendekors.

An der Arabeske zeigt sich eine wichtige Eigenschaft des «klassischen» islamischen Ornaments: Ob es sich um eine illuminierte Buchseite oder einen stuckierten Mihrab handelte, ein graviertes Bronzekästchen oder eine glasierte Keramikschale – dieselben Motive konnten in den verschiedensten Techniken und in beliebiger Größe verwendet werden. Ein weiteres Merkmal ist die Tendenz zur Kleinteiligkeit und zu einer die Fläche vollständig bedeckenden Verwendung des Ornaments: Immer wieder entwickelten sich Entwürfe von großformigen, kräftigen zu kleinteiligen, zarten Kompositionen, die das Auge am Ende kaum noch durchdringt. Allerdings waren diese Tendenzen nicht unumkehrbar, sondern wurden periodisch durchbrochen, wenn neue Motive aufkamen, die erst nach und nach miniaturisiert und verfeinert wurden. Auch der *horror vacui* wurde immer wieder überwunden, wie zum Beispiel iranische Metallarbeiten zeigen, bei denen in verschiedenen Epochen der ästhetische Reiz nicht allein aus der Fülle des Ornaments gewonnen wurde, sondern aus dem Kontrast zwischen dekorierten und undekorierten Flächen.

Wie für die Malerei brachte auch für die Ornamentik die mongolische Eroberung im 13. Jahrhundert einen Strom neuer Einflüsse. Nach chinesischen Vorlagen gezeichnete Motive bereicherten das Repertoire um Päonien (Pfingstrosen), Wolkenbänder und Meereswellen. Diese Innovation machte sich zunächst nur punktuell bemerkbar. Dafür drang sie aber auch geographisch weit über den mongolischen Machtbereich hinaus; das zeigt etwa die Fassade der Moschee-Madrasa des mamlukischen Sultans an-Nasir Hasan in Kairo, wo im Reliefdekor neben vielen «einheimischen» ägyptischen Motiven auch die neuen ostasiatischen Päonien erscheinen. Ebenso sind auf den ägyptischen und syrischen Metallarbeiten der Mamlukenzeit fliegende Enten und Kraniche in lockerer Zeichnung zu sehen, die auf dieselben Quellen zurückgehen.

Eine weite Verbreitung chinesischer Elemente fand aber erst ab dem 15. Jahrhundert statt, zunächst vor allem in Iran. Die timuridischen Hofwerkstätten sorgten dafür, dass durch fleißiges Kopieren und Übertragen für verschiedenste Entwürfe in der Buchmalerei und Buchbinderei, für Textilmuster und auf bemalter Keramik dieselben Motive verwendet wurden. So gelangten auch chinesische Drachen und Schildkröten zusammen mit spiraligen Wolken und fantastischen Blütengebilden über die Buchkunst bis in den Fliesendekor iranischer Bauten. Als späte Folge der China-Mode entstanden bis ins 17. Jahrhundert regelrechte Kopien chinesischer Keramik, wobei im iranischen Kerman sogar die Manufakturzeichen unter dem Boden der Schalen und Vasen kopiert wurden. Vom timuridischen Iran strahlte der chinesische Einfluss auf das Osmanische Reich aus. Daher finden sich auf den Keramiken aus Iznik bis weit ins 16. Jahrhundert hinein Wolkenbänder und Päonien.

Die Keramik von Iznik brachte ihrerseits neue Dekorschemata und Ornamentmotive hervor (Abb. 30). Kennzeichnend sind die schlanken «Saz-Blätter», lanzettförmige Blätter mit gesägten Rändern, die wahrscheinlich zuerst um 1525 in den Istanbuler Hofateliers entworfen wurden und danach auf Fliesen und Tellern aus Iznik erschienen. Der elegante Schwung dieses Motivs passte zum bis dahin vorherrschenden timuridischen Stil, in dem neben den Chinoiserien vor allem die Arabeske dominierte. Um die Mitte des 16. Jahrhunderts traten neue pflanzliche Motive hinzu, die bei aller Stilisierung eine konkrete Entsprechung in der Natur besitzen: Tulpen, Nelken, Hyazinthen und Rosen wurden vor allem auf den Iznik-Tellern, aber in gewissem Maß auch auf Fliesen, zu kunstvollen Kompositionen arrangiert. Im Gegensatz zu den fast ausschließlich blau-weißen Keramiken der Zeit um 1500 erzielte man hier eine volle Farbigkeit, die vor allem beim leuchtenden Rot technische Meisterschaft verlangte.

Betrachtet man ein anspruchsvoll gestaltetes Dekor-Ensemble der islamischen Kunst, so fällt auf, dass neben geometrischem und pflanzlichem Ornament die Schrift ein drittes Element des Dekors bildet. Inschriften sind auf fast allen Objekten und an vielen Bauten zu finden, und sie fügen sich in das Gesamtschema des Dekors nahtlos ein. Neben der Sprachübermittlung dienten die Inschriften der formalen Ästhetik; ihre Gestaltung war ähnlichen formalen und stilistischen Prinzipien unterworfen wie das Rankenornament. Das trifft für die Gestalt und Proportionierung der Buchstaben selbst zu, aber auch für ihre Verzierung. Im 10. Jahrhundert entwickelte sich das sogenannte «blühende Kufi», bei dem die Buchstaben in kleinen Blütenranken auslaufen. Daneben war es üblich, eine Inschrift mit einer darauf abgestimmten spiraligen Ranke zu hinterlegen. Die winklige Gestalt der Kufi-Buchstaben eignete sich außerdem dazu, in Form von Knoten und Flechtbändern umgebildet und ornamentiert zu werden.

In manchen Inschriften ist die dekorative Behandlung so weit getrieben, dass die Frage offen bleiben muss, bis zu welchem Grad hier noch ein Text übermittelt werden sollte. In jedem Fall waren die wohlproportionierten Buchstaben eine Zierde des Gegenstandes, auf dem sie angebracht waren. Ab dem 12. Jahrhundert kombinierte man bewusst Kufi- und Kursivschrift in verschiedenen Feldern eines Dekor-Ensembles und nutzte den Kontrast zwischen dem gewinkelten und dem gerundeten Duktus.

Es wurde bereits angedeutet, dass in den meisten Epochen der islamischen Kunstgeschichte die Motive eines Flächendekors unabhängig von Material und Technik waren. Im safavidischen Iran konnte praktisch dieselbe Komposition für einen Bucheinband, einen Teppich oder ein Fliesenfeld an einer Moscheewand verwendet werden. Dabei kamen jeweils unterschiedliche Qualitäten von Entwurf und Ausführung zum Tragen – beispielsweise konnten im Stuckdekor plastische Werte herausgearbeitet werden, während in einem Fliesenmosaik die scharfen Konturen und Farbkonstraste dominierten. So bestimmten die Möglichkeiten und Grenzen einer Technik das Ergebnis mit, wurden aber auch von den Künstlern erkannt und genutzt. Für alle Epochen der islamischen Kunstgeschichte erscheint charakteristisch, dass auch scheinbar alltägliche Gegenstände mit einem Gestaltungswillen behandelt wurden, für den das Ornament zum idealen Medium wurde (Abb. 11). Nicht umsonst sammelten die europäischen Museen für Kunstgewerbe im 19. und 20. Jahrhundert Werke islamischer Kleinkunst als Vorbilder für gelungenes «Design».

6. Die Kunst des Buches: Malerei und Kalligraphie

Das Vorurteil, im Islam gebe es keine Bilder, scheint durch die zerstörerischen und einschränkenden Maßnahmen des radikalpuritanischen Taliban-Regimes in Afghanistan bestätigt worden zu sein. Anscheinend haben die Taliban selbst an diesen Satz geglaubt. Sie sprengten nicht nur die monumentalen Buddhafiguren von Bamiyan in die Luft, sondern unternahmen stellenweise ernsthaft den Versuch, in ihrer Gesellschaft eine «Bildlosigkeit» durchzusetzen, indem sie Film und Fernsehen stark einschränkten. Es ist bemerkenswert, dass sich dieser Versuch nicht auf einen anderen, durchaus öffentlich wirksamen Bereich erstreckte: das Geld. Die Afghani-Banknoten erlebten keine Kulturrevolution; auf ihnen zirkulierten weiterhin die Porträts von Vertretern der längst exilierten Königsdynastie. Das Problem der angeblichen Bildlosigkeit «des Islam» stellt sich offenbar bereits in einem Fall, der sich ansonsten für Schwarzweißmalerei eignet, als vielschichtig dar.

Grundsätzlich ist zwischen Ikonoklasmus (Bilderzerstörung) und Ikonophobie (Bildervermeidung) zu unterscheiden. Für die islamische Kulturgeschichte kann ganz überwiegend von letzterer gesprochen werden. Planmäßige Bilderstürme hat es fast nie gegeben; den Christen etwa wurden in Gebieten, die in den islamischen Machtbereich gerieten, die Heiligenbilder in ihren Kirchen belassen. In aufgegebenen christlichen Kirchen, in denen sich Wandmalereien finden (zu sehen etwa in Kappadokien in der Türkei), wurden häufig die Köpfe oder Gesichter von figürlichen Darstellungen zerstört. Diese Zerstörungen können mit einer generellen Ablehnung von Bildern ebenso begründet werden wie mit dem Gestus des Siegers, der charakteristische Hinterlassenschaften der überwundenen oder vertriebenen Herrschaft gezielt vernichtet.

Generell kann festgestellt werden, dass es ein «Bilderverbot» im eigentlichen Sinn nur an wenigen Stellen der islamischen Kulturgeschichte gegeben hat. Besonders streng haben sich in dieser Hinsicht radikal-reformerische Bewegungen verhalten, wie beispielsweise die Wahhabiten in Saudi-Arabien. Viele Belege aus der islamischen Kunst zeigen, dass von einer Einschränkung bildlicher Darstellungen eigentlich nur im religiösen Bereich gesprochen werden kann. In der «weltlichen» Kunst haben islamische Kulturen auch auf dem Gebiet der figürlichen Malerei eine große Vielfalt und bewundernswerte Leistungen hervorgebracht.

Bekannt sind einschlägige Aussprüche des Propheten Muhammad, die in die islamische Tradition eingegangen sind. So heißt es etwa, dass Engel ein Haus nicht betreten, in dem sich Bilder befinden. Eine andere Tradition besagt, dass dem Schöpfer eines Bildes am Jüngsten Tag abverlangt werde, dass er seiner Kreatur Leben einhauchen solle (wodurch dann seine Anmaßung offenbar werde). Ob Muhammad jedoch damit ein regelrechtes «Bilderverbot» ausgesprochen hat, ist mehr als zweifelhaft. Die Authentizität von Überlieferungen zum Propheten Muhammad soll hier nicht diskutiert werden. Aus kunsthistorischer Sicht erscheint es produktiver, Bilder als kulturelle Schöpfungen zu betrachten und dabei zu fragen, wie Muslime in ihrer Geschichte mit der Bilderfrage konkret umgegangen sind.

Seit ältester Zeit wird dem Bild magische Kraft zugeschrieben: Bis zu einem gewissen Grad ist es mit dem Dargestellten identisch. In der heutigen Zeit mit ihrer «Bilderflut» ist kaum noch nachvollziehbar, welche Macht bildliche Darstellungen in der Welt des Altertums oder des Frühen Mittelalters ausgeübt haben müssen. Der Betrachter des Bildes konnte sich dem abgebildeten Wesen nahe fühlen, auch wenn die Darstellung nach heutigen Maßstäben nicht «realistisch» war. Ein Bild zu zerstören oder zu beschädigen, kam einer Brechung seiner Macht gleich. Götterbilder galten in frühen Kulturen als die Gottheit selbst; zumindest wohnte ihnen ein Teil von deren Kraft inne. Das «Bilderverbot» des Judentums ist daher als Vorsichtsmaßnahme des Monotheismus zu verstehen. Die Vorschrift des Alten Testaments, «Du sollst dir kein Bildnis machen», verhindert einerseits, dass der allgegenwärtige und allmächtige Gott auf eine bildhafte Vorstellung reduziert wird. Zum anderen beugte es der Erschaffung von Kultbildern vor, die ihrerseits als Götter verehrt werden konnten.

In vorislamischer Zeit war auch die Ka'ba, der Tempel der Gottheiten von Mekka, mit Statuen und gemalten Götterbildern ausgestattet. Muhammads strikt monotheistische Mission machte die Reinigung dieses Kultgebäudes nötig: Die Ka'ba, die nicht etwa niedergerissen, sondern als zentrales Heiligtum für den neuen Glauben übernommen wurde, musste von nun an einem einzigen Gott als Heimstatt dienen, der noch dazu ganz erhaben, gewissermaßen abstrakt gedacht war: Ein Gott, der nicht auf eine körperliche Erscheinung festgelegt werden kann, ist auch nicht darstellbar. Für das islamische «Gottesbild» musste von Anfang an das Gebot der jüdischen Tradition gelten.

Neben dem Verbot der Gottesdarstellung ist es der (ebenfalls im biblischen zweiten Gebot angelegte) Verzicht auf die Darstellung von Menschen und Tieren, der zu einem gewissen Grad die Kunst der islamischen Welt kennzeichnet. Eine solche allgemeine Vermeidung von Bildern ist wohl ebenfalls in deren «Mächtigkeit» begründet: Man konnte befürchten, dass Bilder aufgrund ihrer ästhetischen Wirkung eine zu starke Anziehungskraft ausüben und wiederum zur Verehrung animieren würden, was dem Konzept des einzigen Gottes zuwider gelaufen wäre. Eben diese Tendenzen ließen sich ja bei den Christen des Vorderen Orients beobachten, die ihre Heiligen um Schutz anriefen und deren Bilder verehrten. Die Auswüchse des Bild-Kultes riefen auch in Byzanz jene Kritik hervor, die sich schließlich im Ikonoklasmus, der Verbannung und Zerstörung von Heiligenbildern, äußern sollte.

Es ist sicherlich kein Zufall, dass die ikonoklastische Debatte in Byzanz zu einem Zeitpunkt aufkam, als das neu entstandene muslimische Staatswesen, das Kalifat unter der Regierung der Umayyadendynastie, auf dem Höhepunkt seiner Macht angelangt war und die Existenz des Oströmischen Reiches durch seine Eroberungszüge in Frage stellte. Die Gegner der Bilderverehrung konnten neben grundsätzlichen Erwägungen gewissermaßen auch mit den militärischen Erfolgen der Muslime argumentieren. Das setzt voraus, dass die Vermeidung von Bildern bereits sehr früh die islamische Kultur sichtbar prägte. In der Tat gibt es deutliche Hinweise darauf, dass in der religiösen Kunst des Islam schon im späten 7. Jahrhundert die Entscheidung gefallen war, auf Bilder zu verzichten (Abb. 7).

Der Kalif Abd al-Malik ließ in den Jahren 697–699 die Münzprägung «islamisieren». Die zuvor üblichen bildlichen Prägungen wurden zugunsten von Münzen aufgegeben, die nur noch mit Aufschriften gestaltet waren (Abb. 12). Anstelle des Herrscherporträts bildete nun die Devise «Es gibt keinen Gott außer Gott, dem Einen, Er hat keinen Teilhaber» das Erkennungszeichen, mit dem sich der Staat auf den Münzen darstellte. Diese Reform des Münzwesens durch Abd al-Malik wurde nie gänzlich umgekehrt. Selbst wenn später zu verschiedenen Zeiten und in verschiedenen Regionen der islamischen Welt bildliche Münzprägungen auftauchten, blieben diese meist auf das weniger offiziöse Kupfergeld beschränkt.

In den Großbauten, die zur Zeit der Münzreform entstanden, nimmt ebenfalls die arabische Schrift eine wichtige Stellung ein. Im Felsendom in Jerusalem, 692 auf Anweisung Abd al-Maliks errichtet, verkündet die Mosaikinschrift über den Arkaden des Umgangs islamische Glaubenssätze. Sie steht am Anfang einer langen Reihe von Inschriften religiösen und weltlichen Inhalts, die an öffentlichen Bauten an prominenter Stelle angebracht wurden. In vielen Fällen bezeugen sie den Namen des Bauherrn und das Baudatum, geben aber auch Hinweise auf den Zweck und die ursprüngliche Auffassung vom Sinn dieser Bauwerke. Die Verwendung der Schrift wurde zu einer Aufgabe des Architekturdekors. Auch größere Flächen mussten mit Inschriften gestalterisch bewältigt werden. Besonders eindrucksvoll geschah dies an den Außenwänden, Kuppeln und Minaretten der Ziegelbauten der Ilkhane und der Timuriden in Zentralasien und Iran, wo mit glasierten Ziegeln im Mauerverband großformatige Schriftzüge gebildet wurden.

In der islamischen Kunst entfaltete sich die Kalligraphie wie sonst nur in den Kulturen Ostasiens – mit dem Unterschied, dass der Buchstabe in der islamischen Religion eine besondere Heiligung erfahren hatte. Die Offenbarung an den Propheten Muhammad hatte nach der Überlieferung mit dem Wort «Lies!» oder «Rezitiere!» begonnen. In mystischen Strömungen des Islam nahmen einzelne Buchstaben esoterische Bedeutungen an. Das gilt zum Beispiel für die Buchstaben, mit denen der Name Gottes geschrieben wird – ALH – ; aber die Systeme der Verschlüsselung waren noch viel weiter entwickelt und verzweigt. Insgesamt genoss der Koran als Wort Gottes, das explizit in arabischer Sprache zu den Menschen gesandt wurde, höchste Verehrung.

Frühe Beispiele arabischer Kalligraphie sind in Form von Koranexemplaren erhalten, die auf Pergament geschrieben wurden. Häufig wurden die Buchseiten im Querformat angelegt (Abb. 33). Schon bald nutzte man die Möglichkeit der arabischen Schrift, Buchstaben zu dehnen, um die Zeilen gleichmäßig zu füllen und einen ausgeglichenen Schriftspiegel zu erhalten. Für die Kalligraphie der ersten Jahrhunderte war der sogenannte «Kufi»-Duktus bestimmend. In ihm werden die Grundlinien auf der Zeile betont; Abstriche werden vertikal geführt, so dass sich ein winkliges Schriftbild ergibt. Die Vokalzeichen wurden meist als farbige Punkte über und unter die Buchstaben gesetzt. Der Kontrast zwischen den Rundungen und den scharf zugespitzten Ecken mancher Buchstaben wurde vor allem seit dem 9. und 10. Jahrhundert betont. Die Ästhetik der frühen Koranhandschriften lässt den einzelnen Buchstaben im Rahmen des Schriftspiegels durch Form und Größe zur Geltung kommen.

Korane wurden schon seit frühester Zeit nicht nur sorgfältig geschrieben, sondern auch illuminiert. Zierstreifen trennen einzelne Abschnitte voneinander; vor allem der Beginn einer neuen Sure wurde häufig mit einem Ornamentfeld bezeichnet, in dem etwa stilisierte Ranken von einer Bordüre eingefasst werden. Gewöhnlich setzt sich das Ornamentfeld auf dem Seitenrand mit einem Blütengebilde fort. Ab dem 9. Jahrhundert

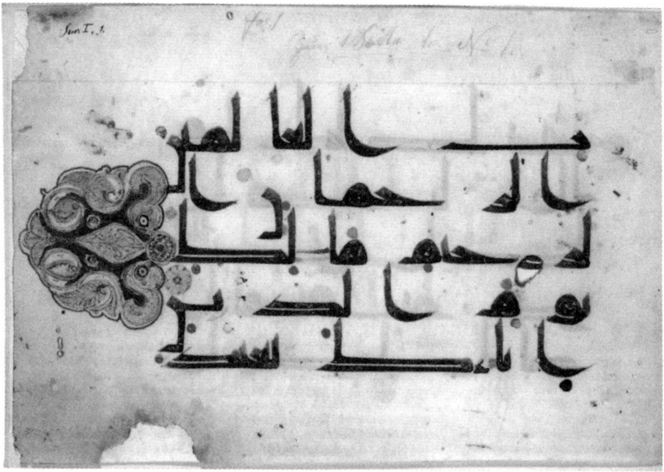

33 Koran im Kufi-Duktus, Irak?, 9. Jh. Gotha, Landesbibliothek, Ms. orient. A427, fol. 1a

schrieb man die Surentitel in die Felder und umrahmte die Buchstaben mit Ornamenten. Zwischen den Versen wurden Trennzeichen in Form von Medaillons mit kleinen Blüten eingeführt. Besonders reich wurden die ersten Seiten eines Manuskripts ausgestaltet. Hier finden sich großformatige Kompositionen aus Ornamenten, die das Format des Schriftspiegels auf den folgenden Seiten einnehmen. Einige Beispiele zeigen ein kreisrundes Medaillon mit einem großen Stern innerhalb des formatfüllenden Rechtecks. Farbige Tinten und Vergoldungen wurden eingesetzt, um diesen Büchern ein leuchtendes Erscheinungsbild zu geben.

Die spektakulären Koranhandschriften, die in den 1980er Jahren in Sanaa zum Vorschein kamen, bilden dagegen Architektur ab: Eines der Frontispize zeigt ein Bauwerk (Abb. 34). Die übereinander dargestellten Arkadenreihen lassen sich als Säulenhalle mit mehreren Schiffen interpretieren. Lampen hängen unter den Bögen. Unten sind Türen dargestellt, womit eine Außenwand angedeutet ist. In der Mittelachse sind größere Arkaden und oben ein geschmückter Bogen zu erkennen – wahrscheinlich ist damit ein Mihrab und mit dem Gebäude insgesamt eine Moschee gemeint. Reale Entsprechungen lassen sich in Bauwerken der Umayyadenzeit finden. Diese Illustrationen, die vielleicht schon im frühen 8. Jahrhundert, möglicherweise in Syrien, entstanden, stehen in der Geschichte der islamischen Buchmalerei heute isoliert da. Sie lassen aber vermuten, dass es einen größeren Bestand an darstellender Buchmalerei gegeben hat, der heute verloren ist.

In der Kalligraphie setzte sich ab dem 10. Jahrhundert eine neue Strömung durch. Um diese Zeit erfuhr die Kursivschrift, die bislang nur kunstlos im Alltagsgebrauch verwendet worden war, eine Aufwertung. Von der Hand des Bagdader Kalligraphen Ibn al-Bawwab ist ein auf das Jahr 1000 datierter Koran erhalten. Seine kräftige Kursivschrift ist sorgfältig auf die Seite komponiert und mit kostbaren Illuminationen geschmückt. Die Kursive erlaubte nicht nur ein flüssigeres Schreiben – bei anspruchsvoller Kalligraphie ohnehin in gebremster Geschwindigkeit –, sondern auch eine kleinere Ausführung der Buchstaben und eine Kompression des Textes, ohne dass die Lesbarkeit beeinträchtigt wurde. Mit der Verbreitung des Papiers als neuem Schreibmaterial waren die Voraussetzungen dafür gegeben, dass Bücher kleiner, billiger und in größeren Mengen produziert wurden. Grundkenntnisse in der Kalligraphie gehörten guten Bildung, und Kaufleute wie Prinzen versuchten sich gleichermaßen in der Kunst der Schönschrift. Meisterschaft in dieser Kunst erlangte aber nur, wer bei einem anerkannten Lehrer die harmonische Gestaltung der Buchstaben und ihre Gruppierung auf der Zeile über Jahre hinweg trainierte.

Der Kalligraph Yaqut legte in Bagdad im zweiten Drittel des 13. Jahrhunderts einen Kanon kursiver Schriftarten fest, die sich nach Größe und Form der Buchstaben, nach Fluss und Dynamik unterscheiden. Dabei waren die Buchstaben in ihren Proportionen festgelegt. Die sogenannten «sechs Duktus» blieben über Jahrhunderte verbindlich und werden noch heute gepflegt, auch wenn inzwischen weitere Schriftarten hinzugekommen sind. Yaquts Schüler verbreiteten diesen Kanon, so dass in der

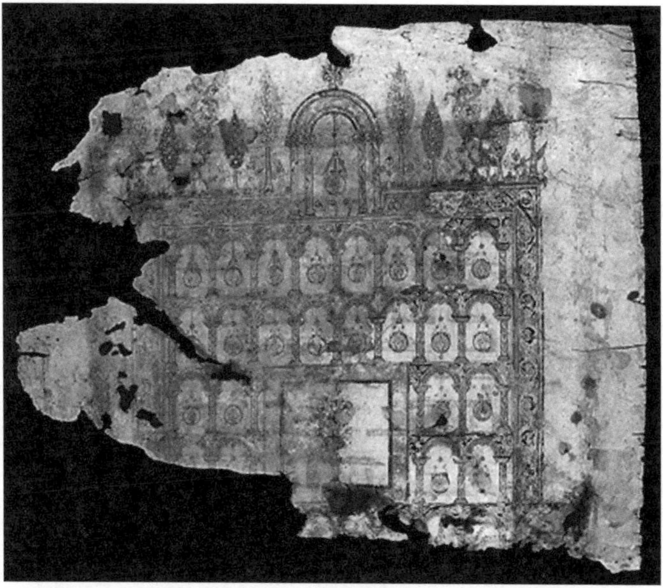

34 Koran-Frontispiz mit Architekturdarstellung, vielleicht Syrien, wohl frühes 8. Jh. Sanaa, Haus der Handschriften

Folgezeit Manuskripte in Ägypten und Syrien ebenso wie in Iran und Zentralasien nach denselben Regeln entstanden. Die Korane, die von den Mamlukensultanen in Auftrag gegeben wurden, gehören mit ihren prachtvollen Frontispizen mit dynamischen Sternmustern und immer feiner verästelten Ornamenten zu den erlesensten Erzeugnissen islamischer Buchkunst (Abb. 29).

In Iran setzte sich ab dem 15. Jahrhundert der neue Duktus des Nasta'liq durch, der vor allem für persische Poesie verwendet wurde. Auch er war aus der Handschrift des Alltags bzw. der Kanzleien entwickelt und behält noch etwas von ihrer Lockerheit. Die waagerechten Zeilen konnten dabei zugunsten einer schrägen Anordnung aufgegeben und die Buchstaben noch freier angeordnet werden. Ein kurzes Gedicht oder ein Vers in guter Kalligraphie wurde hoch geschätzt. Als einzelne Blätter wurden solche Arbeiten sorgfältig illuminiert, gerahmt und in Sammelalben eingefügt. Aus osmanischer Zeit sind «Schreibübungen» von Kalligraphen bekannt, die mit marmoriertem Papier eingerahmt ebenfalls Teile von Sammlungen wurden.

Zur Aufgabe der Kalligraphie gehörte nicht nur die Anfertigung von Büchern und Blättern, sondern auch die Gestaltung von Inschriften auf Gegenständen und an Gebäuden. Hier wurden häufig keine langen Texte verlangt, sondern kürzere Formeln oder einzelne Wörter – man denke etwa an die acht Schriftschilde mit den Namen Gottes, des Propheten, seiner Nachfolger und Nachkommen, die viele Moscheen der sunnitischen Welt verzieren. Schriftzüge wie diese – insbesondere in der Gestaltung durch große Kalligraphen wie zum Beispiel Şeyh Hamdullah (1429–1520) – konnten den Charakter von Ikonen annehmen. Durch das wiederholte Betrachten und Lesen verselbständigt sich der Schriftzug, selbst wenn die Kalligraphie leicht verfremdend wirkt, im Gedächtnis des Betrachters. Durch ihren Inhalt, den Ort ihrer Anbringung und die Reputation der kalligraphierenden Meister konnten solche Schrift-Bilder selbst als ehrwürdig gelten. Im Zeitalter technisch erleichterter Reproduktion werden sie gerahmt und an die Wand gehängt oder erscheinen als Vignette im Computersatz.

Ein Randphänomen waren gegenständliche Kalligraphien, in denen aus Buchstaben ein Bildmotiv zusammengefügt wurde: Seit dem 18. Jahrhundert komponierten osmanische Kalligraphen auf diese Weise Schiffe, Vögel und Gesichter. Für einen Anhänger des Mevlana-Ordens war der Ausruf «O Mevlana!», geschrieben in Form einer Derwischmütze, sicherlich ein Motiv, mit dem er sich auch innerlich identifizieren konnte.

An dieser Stelle sollte betont werden, dass es sich bei der Kalligraphie nicht um ein rein religiöses Phänomen handelt. Auch weltliche Texte wurden kalligraphisch behandelt, wenn sie dieses Aufwandes wert schienen. So wurden beispielsweise herrscherliche Urkunden zwar in «gewöhnlicher» Kanzleischrift ausgeführt, aber in der Anordnung ihrer Zeilen künstlerisch gestaltet; der Titel einer solchen Urkunde konnte aufwändig illuminiert werden (Abb. 37). Dabei wurde der Name des Herrschers besonders sorgfältig geschrieben. Auf den osmanischen Herrscherurkunden wurden Name und Titel des Sultans zu einer kalligraphischen Figur verbunden, die nach festen Regeln gestaltet wurde; diese *tuğra* war weithin erkennbar. Ab dem 18. Jahrhundert wurden damit auch staatliche Gebäude und – mit kleinen Stempeln – Gegenstände aus dem Inventar des Palastes bezeichnet. Damit erfüllte die *tuğra* eine ähnliche Funktion wie die Wappen europäischer Herrscher; der kalligraphierte Schriftzug wurde zum Symbol des osmanischen Staates und seines Herrscherhauses.

Die frühen Beispiele islamischer Malerei in der Koranillustration sind bereits erwähnt worden. Aus den nachfolgenden Jahrhunderten sind jeweils nur Fragmente von Blättern erhalten, auf denen gezeichnet oder gemalt wurde. Bedeutender sind dagegen die Wandmalereien, von denen Reste in Samarra und in den Palästen der Ghaznaviden gefunden wurden. Lebensgroße figürliche Szenen waren hier keine Seltenheit. Auch auf Keramiken sind Malereien erhalten, die von einer lebendigen Entfaltung der Motive und der bildnerischen Mittel zeugen. Dabei schuf die Entwicklung zinnhaltiger Glasuren, die einen Teller zum fast weißen Malgrund machten, ab dem 9. Jahrhundert neue Möglichkeiten. Auf der abbasidenzeitlichen Keramik aus dem Irak und Iran erscheinen sowohl Ornamente als auch Figuren in starker Abstraktion. Viel «realistischer» wirken die Malereien der fatimidenzeitlichen Keramik aus Ägypten. Hier sind Menschen (und Tiere) in natürlichen Proportionen und Bewegungen dargestellt, der Faltenwurf der Gewänder zeichnet Körper und Bewegung nach, und die Gesichter lassen Typen erkennen, selbst wenn zeichnerische Kürzel routiniert verwendet werden. Dem Platz angemessen, bleiben die Darstellungen auf eine oder wenige Figuren beschränkt, und nur wenige Bildelemente deuten einen umgebenden Raum an.

Einen Aufschwung erlebte die Buchmalerei in der islamischen Welt im 12. und 13. Jahrhundert. Zunächst waren es wissenschaftliche Werke, die illustriert wurden. Die Anregung dazu kam aus griechischen Vorlagen. So illustrierte man etwa die

«Materia Medica» des Dioskurides mit Abbildungen von Heilpflanzen und mit Szenen, in denen der Apotheker ein Medikament zubereitet. In der Tradition des antiken Autorenporträts ist der Arzt Dioskurides auf dem Frontispiz als Lehrer dargestellt. Im Buch der «Mechanischen Apparate» des Jazari, der an die Tradition hellenistischer Werke zum Bau von Maschinen anschloss, zeigen die Illustrationen nicht nur die Mechanismen mit Hebeln, Achsen, Zahnrädern, Steigleitungen, Druckbehältern etc., sondern beleben die Apparate mit aufgesetzten Figuren und Tieren.

Die Illustration erzählender Texte schloss sich an. Die indischen Fabeln des Bidpai, die als «Kalila und Dimna» im 8. Jahrhundert ins Arabische gekommen waren, wurden mit kleinen Szenen bebildert, in denen jeweils ein Moment aus dem Geschehen dargestellt ist. Das wichtigste Element bilden die Tierfiguren, häufig in starker Bewegung, zu denen noch Elemente der Landschaft hinzukommen. Der Hintergrund ist meist leer oder einfarbig. Auf diese Weise wurde ein Bildraum von geringer Tiefe geschaffen, in dem sich die Handlung gewissermaßen auf einem schmalen Streifen abspielt.

Aus den Angaben in den Texten ist zu schließen, dass einige dieser bebilderten Handschriften in Nordmesopotamien und Syrien entstanden, ein guter Teil auch im Irak. Daher spricht man von der «Bagdader Schule». Sichere Zuweisungen aufgrund von Stilmerkmalen sind aber schwierig. Es ist kaum auszumachen, welche Eigenheiten regionaltypisch und welche einem einzelnen Künstler zuzuschreiben sind.

Im 13. Jahrhundert verbreiteten sich erzählende Darstellungen noch stärker. Nun bebilderte man die «Maqamat» des Hariri, eine Art Schelmenroman in kurzen Episoden. Dieses Werk eignet sich nur bedingt zur Illustration, weil die Sprachkünste, um die es in der Handlung geht, gar nicht bildlich umgesetzt werden können. Doch werden die unterschiedlichen Schauplätze, an denen sich die Hauptfigur bewegt, zur lebendigen Darstellung des Alltagslebens genutzt: Ein Dorf, eine Herberge, eine Moschee, eine Gerichtssitzung, ein Schiff auf dem Ozean werden abgebildet und mit kleinen Szenen ausgestattet. Die be-

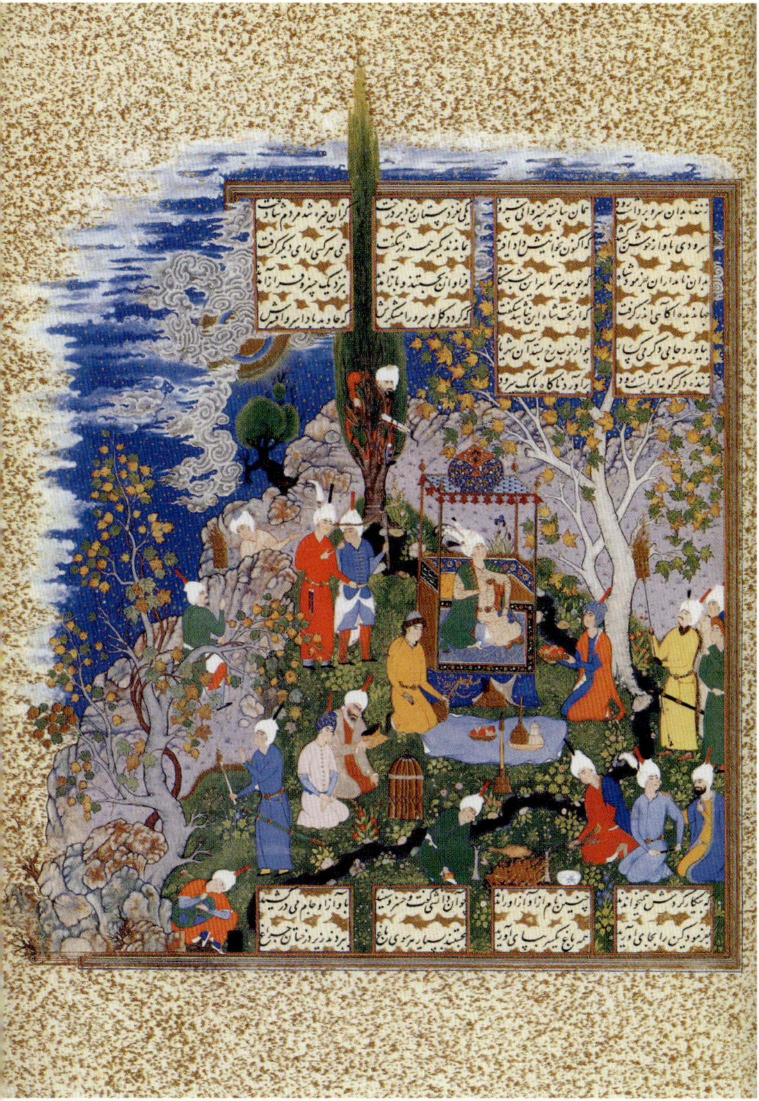

35 Mirza Ali (zugeschrieben): Barbad, der versteckte Lautenspieler. «Shahname» des Tahmasp, Tabriz, um 1530. London, Nasser D. Khalili Collection of Islamic Art, MSS1030, fol. 731a

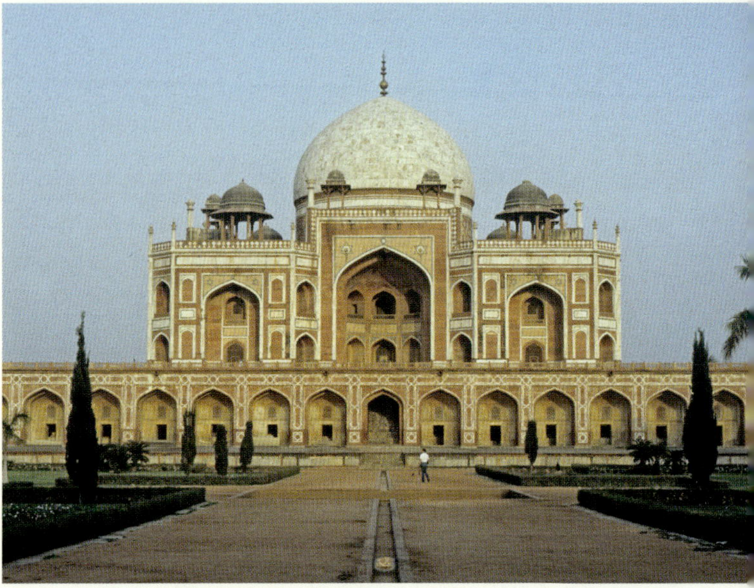

36 Mausoleum des Humayun, Delhi, um 1562–1572

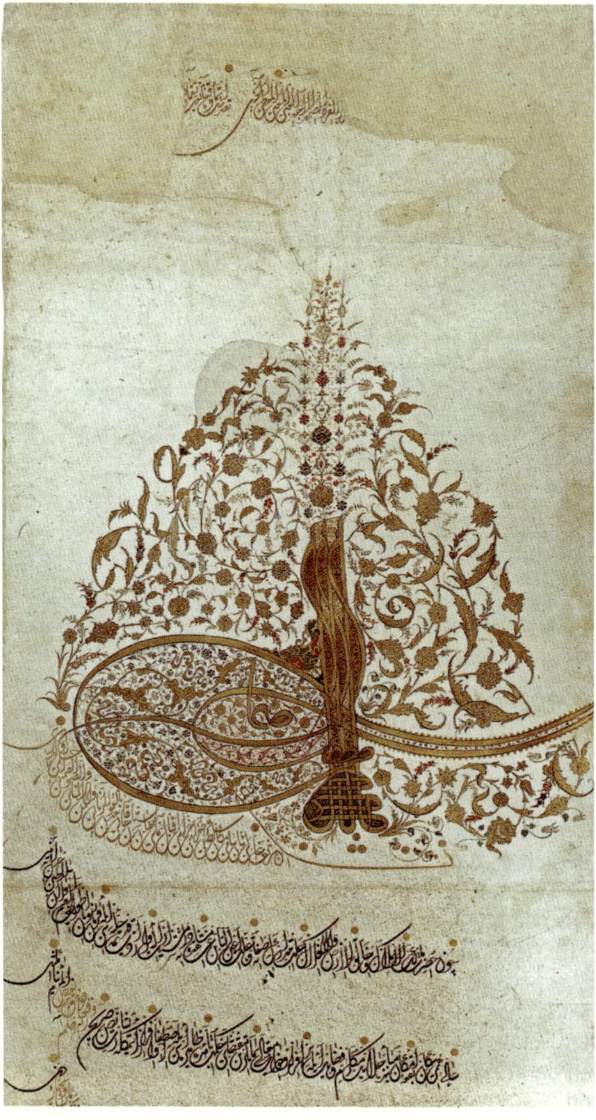

37 Sultanserlass (ferman) mit *tuğra* Sultan Mehmeds III., Istanbul, 1600. Berlin, Museum für Islamische Kunst, I 40/68

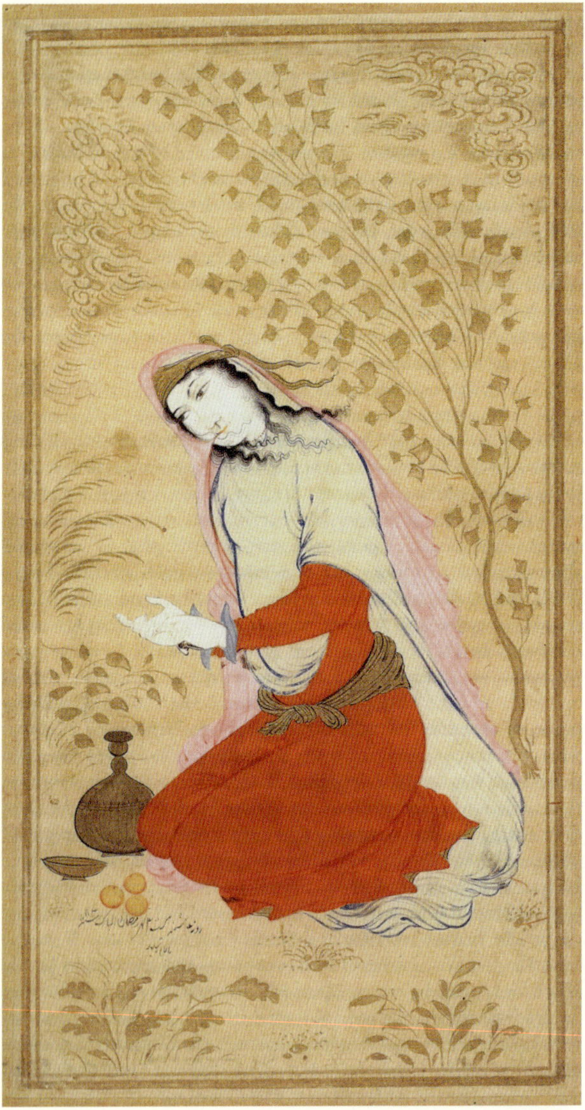

38 Porträt einer jungen Frau. Stil des Mu'in Musavvir, wohl Isfahan, 1674. London, British Museum, 1969,0616,0.4

kannteste Maqamat-Handschrift, 1237 von Yahya ibn Mahmud al-Wasiti geschaffen, kommt zu seitenfüllenden Kompositionen (Abb. 17). Die verschiedenen Elemente sind hier so zueinander in Beziehung gesetzt, dass sie den Eindruck von Fülle und Bewegung erzeugen, wie beispielsweise in der Darstellung einer Pilgerkarawane. Architektur dient dazu, einen Schauplatz zu kennzeichnen und eine Szene wie eine Theaterbühne einzurahmen; dabei ist die räumliche Darstellung schematisiert, so dass den Figuren das größte Gewicht zukommt.

Die Eroberung Irans und die Errichtung des Il-Khanats durch die Mongolen ab 1220 war für die Buchmalerei folgenreich. Der innerasiatische Handelsverkehr zwischen Iran und China erlebte einen gewaltigen Aufschwung. Offensichtlich gelangten auch chinesische Zeichnungen nach Iran, die dortigen Buchmalern als Anregung und Vorlage dienten. Ein frühes Beispiel ist in einem tierkundlichen Werk zu sehen, das 1297/98 in Maraghe in Nordwest-Iran geschrieben und illustriert wurde. Einige Abbildungen in der Art der arabischen Tradition montieren gewissermaßen die Tiere auf den freien Platz der Buchseite zwischen den Textblöcken, auf einem Streifen Boden mit rahmenden Sträuchern zu beiden Seiten. Dagegen zeigt die Abbildung von Pferden in einer Landschaft mit Baum eine völlig andere Auffassung vom Bild (Abb. 39): Ein Rahmen begrenzt den Ausschnitt aus der Wirklichkeit, die sich noch darüber hinaus fortsetzt, wie ein angeschnittener Pferdekopf am Rand und in das Bild hineinragende Zweige des Baumes andeuten. Die knorrig wirkende Baumrinde und die flüchtig hingetupften Gräser sind eindeutig aus China angeregt. In anderen Werken dieser Zeit erscheinen auch wellenförmige und spiralige Wolken am Himmel, die ebenfalls chinesischen Vorlagen entnommen wurden.

Eine veränderte Sichtweise zeigen auch Illustrationen zu einer «Weltgeschichte», die der ilkhanidische Wesir Rashid ad-Din um 1300 verfasste. Die Bandbreite der Bildthemen umfasst Alltagsszenen, Kampf und Krieg, höfische Zeremonien sowie Erzählungen von den Propheten verschiedener Religionen. In den Bildern dominiert die Zeichnung gegenüber der Farbe, die vor allem zum Modellieren der Figuren an den Gewändern eingesetzt wird. Einige vielfigurige Szenen sind wie aus der Vogelschau dargestellt. Der hohe Horizont ermöglichte es, den Bildraum in die Tiefe zu erweitern und Handlungen bzw. Konstellationen zwischen Figuren komplexer darzustellen.

Einen Höhepunkt erreichte die Buchmalerei unter den Il-Khanen (1256–1335) mit dem sogenannten «Großen mongolischen Shahname». Das persische Königsbuch (Shahname), das der Dichter Firdausi um die Jahrtausendwende in Verse gefasst hatte, wurde von nun an zum ergiebigsten Stoff für die Buchmalerei. Welthistorisches Geschehen in personalisierter Zuspitzung, dramatisches Heldentum, das sich in Kampf und Wagemut beweist, Freundschaft und Liebe, tragische Verwicklungen – all dies eignete sich hervorragend zur Illustration. Der Kreis erweiterte sich darüber hinaus um Epen- und Gedichtsammlungen. Unter ihnen ragt der «Fünfer» (Khamsa) des Nizami heraus, in dem unter anderem die Legenden um Alexander den Großen, die verzweifelte Liebe von Laila und Majnun sowie die Geschichte von Khusrau und Shirin erzählt werden.

Im «Großen mongolischen Shahname» wird die Dramatik des Geschehens erstmals mit bildnerischen Mitteln erfasst und für den Betrachter erlebbar. Das im Verhältnis zu früheren Buchmalereien größere Format erlaubte vielteilige Kompositionen, in denen die Hauptfiguren durch ihre Größe betont sind und frei agieren. In dem Bild, das die Trauer um den toten Alexander zeigt (Abb. 18), bildet eine Architekturkulisse das Gerüst der Komposition. Die Dreierarkade zeigt bis in Einzelheiten starke Ähnlichkeit mit Werken der «Bagdader Schule», doch wird der Raum durch den erhöhten Betrachterstandpunkt erweitert. Mimik und Gestik der Figuren, die den Sarg umstehen, vermitteln Trauer und Bestürzung über Alexanders Tod, und diese Bewegung wird durch den gezackten Faltenwurf der Gewänder noch verstärkt. In anderen Bildern dieser Handschrift wird die Landschaft zum Stimmungsträger, indem sich dunkelblaue Wolken zusammenballen oder kahle Bäume ihre zackigen Äste ausbreiten.

Ein Jahrhundert später, als die Nachkommen Timurs über Zentralasien und Iran herrschten, erfuhr die Buchkunst erneut

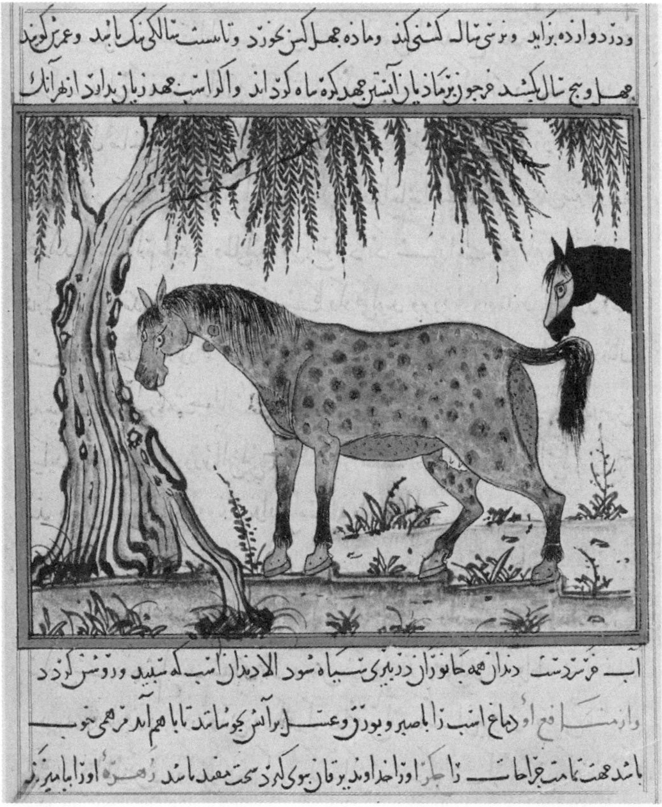

39 Pferde. «Manafi' al-Hayawan» («Vom Nutzen der Tiere»), Maraghe (Iran), 1297/98. New York, Pierpont Morgan Library, M.500 fol. 28r

hohe Aufmerksamkeit. Die Prinzen und Statthalter wetteiferten darin, die besten Maler zu beschäftigen und die schönsten Handschriften produzieren zu lassen. An den Höfen von Tabriz, Shiraz und Herat waren regelrechte Buchwerkstätten entstanden, in denen die Kalligraphen, Zeichner, Koloristen, Illuminatoren und Buchbinder in der Herstellung der feinsten Bücher zusammenarbeiteten. Die Arbeitsteilung brachte auch eine gewisse Rationalisierung mit sich: So wurden gelungene Kompositionen oder Teile davon kopiert und in anderem Zusammenhang wieder verwendet. Die elegante Silhouette einer Reiterfigur oder die verschlungene Linienführung eines gewundenen Drachenleibes aus früheren Werken zu übernehmen, wurde sicherlich nicht als Mangel an Originalität empfunden. Im Gegenteil: Entwürfe konnten auch aus der Malerei und Zeichenkunst auf andere Gattungen übertragen werden. So wurden die Buchwerkstätten zu Design-Ateliers für die Ausstattung des Hofes mit sorgfältig gestalteten Textilien, Metall- und Lederarbeiten. Ihre Künstler entwarfen Zeltstoffe ebenso wie Fliesendekorationen. Man kann davon ausgehen, dass die damaligen Meister zwar stolz auf ihre Werke waren, aber nicht danach strebten, sich durch einen persönlichen Stil von anderen Malern zu unterscheiden.

In den Buchmalereien der Timuridenzeit ist die Dramatik der mongolenzeitlichen Bilder nur noch selten zu spüren. Die Eleganz der Linie, die schon im 14. Jahrhundert in Shiraz gepflegt worden war, und die Zartheit der Zeichnung wirkten mildernd und verfeinernd. In der Fabelsammlung «Kalila wa-Dimna», die 1429 in Herat für den Prinzen Baisunqur geschrieben und illustriert wurde, strahlen die Bilder in kühlem Blau. Die Felsen, die einen wesentlichen Teil der Landschaft bilden, erscheinen bewegt wie Wellen mit Schaumkronen. Gräser und Büsche sind mit feinsten Verästelungen in äußerster Schärfe dargestellt, so dass die gesamte Landschaft wie aus leuchtenden Steinen zusammengesetzt erscheint. Die Handlung, die sich vor diesem Hintergrund entfaltet, kann sich durchaus in energischen Bewegungen abspielen, doch wird auch sie vom lyrischen Ausdruck der Landschaft mitbestimmt.

So erscheint es beinahe wie eine vollständige Kehrtwendung, als sich im letzten Viertel des 15. Jahrhunderts in Herat eine neue Manier der Malerei durchsetzte. Sie ist mit dem großen Namen Bihzad verknüpft, obwohl nur für wenige Bilder gesichert ist, dass sie wirklich von seiner Hand stammen. Einige Signaturen sind in ihrer Echtheit umstritten. Bihzads Bilder werden oft als «realistisch» bezeichnet, weil in ihnen stärker als zuvor alltägliche Szenen dargestellt sind: Bauleute laden Material von einem Karren ab, ein Türhüter prügelt einen Bettler, die Figuren einer Gruppe von Musikern sind nicht streng aufgereiht, sondern locker im Raum verteilt. Jedoch sind die Bilder von einem Naturalismus der Perspektive und der Lichtführung weit entfernt. Gegenüber der eleganten Malerei der ersten Jahrhunderthälfte ist auch die Farbpalette stark erweitert; Grün, Orange-Ocker und Violett spielen eine Rolle, ohne gänzlich zu dominieren. Die größte Meisterschaft zeigt Bihzad aber in der Komposition. Er ordnet die Elemente seiner Bilder so zueinander, dass die innere Beziehung zwischen Personen spürbar wird, dass eine innere Logik den Bildraum bestimmt und den Blick des Betrachters subtil auf das zentrale Geschehen lenkt.

Bihzad wurde von Shah Tahmasp um 1522 nach Tabriz geholt, wo die Safaviden-Dynastie die Hauptstadt ihres neuen Reiches einrichtete. Als Leiter der Buchwerkstatt beaufsichtigte er wohl die Anfänge eines Großprojekts, in dem die künstlerischen Kapazitäten der Zeit gebündelt wurden: Die führenden Meister wurden zusammengebracht, um ein Shahname für Tahmasp zu illustrieren. Sein Seitenformat von 47 x 37 Zentimetern ging deutlich über die sonst üblichen Dimensionen hinaus. Die insgesamt 258 Illustrationen stammen erkennbar von verschiedenen Händen, doch kann der Anteil einzelner Künstler eher vermutet als benannt werden. Ein Kommentar zur Malerei aus dem Jahr 1544 zählt Künstler der kaiserlichen Buchwerkstatt auf; dabei wird der Maler Sultan Muhammad als Schöpfer eines Bildes mit «Menschen im Leopardenfell» bezeichnet, das sich mit einem der aufwendigsten Bilder des Tahmasp-Shahname identifizieren lässt. Dargestellt ist die Versammlung von Tieren und Menschen verschiedener Völker am Hof des mythischen Königs Kaiumarth. Der Frieden der paradiesischen Vorzeit äußert sich im Zusammenklang der leuchtenden Farben der Natur, während die Menschen in einem großen Kreis vor dem Thron des Königs versammelt sind. Die Felslandschaft, in der sich menschliche Gesichter verbergen, ist Teil der umfassenden Harmonie.

Andere Blätter aus dem Shahname des Tahmasp betonen stärker die dramatischen oder die lyrischen Aspekte einer Handlung (Abb. 35). Die Szene mit dem Lautenspieler Barbad, der sich im Baum eines Gartens versteckt, ist als höfisches Gartenfest gestaltet, wie es die Herater Maler bereits im 15. Jahrhundert mehrfach thematisiert hatten. Die Komposition der Landschaft ist wie eine Pyramide angelegt, auf der die Figuren gruppiert sind und die in der Zypresse mit dem Musiker gipfelt. Darin eingeschlossen ist ein zweites, kleineres Dreieck mit dem Herrscher unter seinem Baldachin an der Spitze. Das Dunkelblau des Himmels umfängt die Szenerie, der wolkige Rand leitet in unbestimmte Sphären über. Die bunte, stofflich fassbare Gartenszene wird damit in eine Atmosphäre der Unwirklichkeit und der Traumwelt überführt.

Neben der perfekten Schöpfung des Tahmasp-Shahname und einiger weniger vergleichbarer Handschriften wurden auch im safavidischen Iran Bücher für Käufer außerhalb des höfischen Bereichs illustriert. Vor allem in den Werkstätten von Shiraz, die die Traditionen der timuridischen Malerei weiter gepflegt hatten, entstanden qualitativ hochrangige Handschriften für den «Markt». Bei diesen Büchern lag keine feste Bestellung durch einen Auftraggeber vor. Auf diese Weise wurden die Bild-Erfindungen der Timuridenzeit weit verbreitet und abgewandelt.

Um 1600 wandelte sich die Situation abermals, als vermehrt auf einzelne Blätter gemalt wurde. Der Zusammenhang von Buch und Bild lockerte sich. Damit ging eine Verschiebung auf neue Sujets einher: Einzelfiguren, seien es elegante Hofleute, junge Frauen oder bärtige Sufis, wurden entweder als Typus thematisiert oder geradezu porträtiert (Abb. 38). Zugleich veränderte sich auch der Stil: Die Silhouetten sind durch gezackte und flatternde Konturen von Gewändern und Frisuren belebt, und in der Binnenzeichnung sorgen die wechselnden Strichstärken für Schattierung und Bewegung. Der Name des Meisters Riza Abbasi ist eng mit diesem Stil verknüpft, obwohl er ihn weder als Erster noch als Einziger vertrat. Rizas umfangreiches Werk zeichnet sich dadurch aus, dass er sich in der Wahl seiner Mittel an die verschiedensten Aufgaben anpassen konnte, ohne dabei an Ausdruckskraft zu verlieren.

Die Malerei im Osmanischen Reich baute auf den Leistungen der timuridischen Künstler auf, die dort ebenfalls hoch geschätzt wurden. Wie die Safaviden-Shahs ließen auch die Sultane Alben anlegen und darin besonders wertvolle Blätter aus älteren Handschriften sammeln. In neuen Handschriften wurden weiterhin die persischen Epen illustriert. Doch dehnten sich die Aufträge für die Malerei im Laufe des 16. Jahrhunderts auf neue Gebiete aus: Historische Werke, die die Taten der Sultane beschrieben und die Größe der Dynastie feierten, boten neue Stoffe. Ein hervorragendes Beispiel ist das für den Sultanshof illustrierte «Süleymanname» von 1559, in dem Schlachtszenen, Belagerungen und höfische Empfänge die Macht des Osmanischen Reiches darstellen. Im Zusammenhang mit Feldzugsbeschreibungen entstanden in anderen Werken auch detaillierte Stadtansichten. Bei diesen dokumentarischen Bildern verschwimmt bereits die Grenze zwischen Buchillustration und Kartographie.

Auch im indischen Moghulreich diente die Malerei der Verherrlichung der herrschenden Dynastie, und wiederum baute sie auf persischen Quellen auf. Aus seinem Exil in Iran brachte Kaiser Humayun Maler und Architekten mit nach Indien, und in der Folgezeit nahmen iranische Künstler immer wieder die Möglichkeit wahr, in Indien erfolgreich zu arbeiten. Die Zusammenarbeit mit einheimischen Malern brachte großartige Handschriften hervor wie das «Hamza-Name» mit 1400 großformatigen Bildern, das 1557–1572 unter Leitung des Iraners Abd as-Samad angefertigt wurde. Auch in Indien erfreuten sich seit dem Ende des 16. Jahrhunderts Einzelblätter großer Beliebtheit. Ganzfigurige Porträts von Höflingen, einzelne Tiere oder Blumen stehen in prächtigen Farben, realistischer Zeichnung und feinster Ausführung der Details meist vor einfarbigem Hintergrund. Gleichzeitig machten sich Einflüsse von ganz anderer Seite bemerkbar: Durch die christliche Mission gelangten europäische Drucke nach Indien, deren Motive von den indischen Malern aufgegriffen wurden. Auf diese Weise flossen etwa die Kreuzigung Christi oder der heilige Hieronymus im Gehäuse in die Bilderwelt der Moghul-Malerei mit ein. Auch in den bildnerischen Mitteln ließen sich die indischen Maler von der europäischen Malerei anregen und arbeiteten verstärkt mit Schatten zur Modellierung oder mit der Luftperspektive in Landschaftsbildern. Eine neue Zeit war angebrochen, in der sich die islamische Kunst verstärkt mit europäischen Werken auseinandersetzen musste.

7. Neuzeit und Moderne in der islamischen Kunst

Weite Teile der islamischen Welt gerieten ab dem 18. Jahrhundert unter den politischen Einfluss europäischer Mächte und wurden auch wirtschaftlich immer stärker von Europa abhängig. Der Vordere Orient wurde am Beginn des Maschinenzeitalters zum Absatzmarkt und zum Rohstofflieferanten. Das einstmals so mächtige Osmanische Reich rutschte durch den Rückgang der Steuereinnahmen in eine permanente Finanzkrise, die 1874 in den Staatsbankrott mündete. Der Staatshaushalt der Sultane wurde nun von europäischen Gläubigern verwaltet.

Auch militärisch konnte der Islamische Orient nicht bestehen. Die österreichischen Türkenkriege hatten zunächst die Bedrohung Wiens abgewendet und bis 1739 ganz Ungarn und Teile des Balkans für die Habsburger gewonnen. Weitere Etappen der Niederlagen und Verluste des Osmanischen Reiches waren Kriege mit Russland (1774 fielen die Krim und angrenzende Gebiete an das Zarenreich, womit erstmals muslimische Untertanen des Sultans in größerer Zahl unter christliche Herrschaft gerieten) und die Besetzung Ägyptens durch Napoleon 1798; weitere Gebietsverluste folgten in der ersten Hälfte des 19. Jahrhunderts. Reformbestrebungen des osmanischen Staates blieben Stückwerk, denn die Sultane und ihre Staatsverwaltung konnten sich gegen die Interessen der europäischen Mächte und konservativer Kräfte im eigenen Land nur teilweise durchsetzen. Während technische Errungenschaften vor allem im militärischen Bereich bereitwillig übernommen wurden, ließen sich strukturelle Probleme in Wirtschaft und Verwaltung nicht so leicht beheben.

Nur die Uneinigkeit der europäischen Großmächte verhinderte die koloniale Zerstückelung des Osmanischen Reiches im 19. Jahrhundert. Bis zum Ersten Weltkrieg verloren die Osmanen nach und nach sämtlichen Besitz in Nordafrika einschließlich Ägyptens an Frankreich, Großbritannien und Italien, während die Nationen des Balkans in Befreiungskriegen und unter dem Schutz der europäischen Großmächte ihre staatliche Unabhängigkeit erlangten. Die Aufteilung der arabischen Gebiete des Reiches nach dem Ersten Weltkrieg in französische und britische Mandatsgebiete bildete den Höhepunkt politischen Eingreifens europäischer Mächte im Vorderen Orient und brachte den Eliten der arabischen Welt die Erfahrung direkter imperialistischer Machtausübung. Die Revolution Mustafa Kemal Atatürks verhinderte, dass sich die europäischen Interessen auch in Anatolien durchsetzen konnten, und führte zur Errichtung des türkischen Nationalstaats nach europäischem Muster.

In Indien verlief die Entwicklung äußerlich weniger komplex: Das Moghulreich und die Teilstaaten der Marathen verloren seit der Schlacht von Plassey 1757 Stück für Stück ihre politische Selbständigkeit, so dass um die Mitte des 19. Jahrhunderts ganz Indien unter britischer Kolonialverwaltung stand. Die enge Anbindung an Großbritannien formte die indische Kultur kaum weniger stark als die fünfhundertjährige muslimische Herrschaft.

Iran geriet zwar nicht unmittelbar unter koloniale Herrschaft, büßte aber unter dem Druck der Großmächte seine wirtschaftliche Selbständigkeit ein. Auch politisch wurde das Land immer stärker von Großbritannien und Russland abhängig. Die beginnende Erschließung der Ölvorkommen am Persischen Golf band die Herrschaft der iranischen Monarchen ab 1909 eng an die Interessen britischer Firmen. Auf der Arabischen Halbinsel waren es amerikanische und transnationale Unternehmen, die die Ölvorkommen ausbeuteten und den dortigen Herrschern ungeahnte Einkommen ermöglichten. Als nach dem Zweiten Weltkrieg die Unabhängigkeitsbewegungen in der arabischen Welt

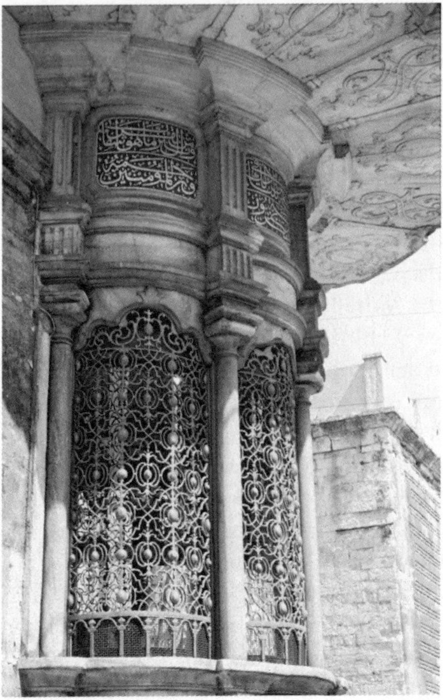

40 Straßenbrunnen an der Laleli-Moschee, Istanbul, um 1759–1763

das Ende der Kolonialära besiegelten, begann zwar hier ein neues Zeitalter; jedoch die Illusion, dass die souverän gewordenen arabischen Staaten (die doch keine ganze Nation repräsentierten) durch Einheit zu Stärke finden würden, zerbrach an den Interessengegensätzen der verschiedenen Regierungen, an der Einbindung in den Ost-West-Konflikt und an den militärischen Niederlagen gegen Israel.

Daher mangelte es den Regierungen in fast allen arabischen Ländern an Legitimität. Die Monarchien am Golf waren finanziell günstig gestellt, kamen aber dem Bedürfnis nach politischer Mitsprache nicht entgegen. Einseitig ausgerichtete Wirtschaftsstrukturen, hohes Bevölkerungswachstum, extrem ungleiche Einkommensverteilung und hohe Verstädterungsraten kennzeichneten fast alle Staaten der islamischen Welt. Aus der permanenten gesellschaftlichen Krisensituation entwickelten sich islamistische Ideologien; politische Opposition wurde in eine religiöse Sprache gekleidet. Der politische Islam feierte seinen größten Erfolg in der iranischen Revolution von 1979. Seitdem reißen die Ereignisse nicht mehr ab, die von der Verwendung islamischer Begriffe für politische Zwecke künden.

Es bleibt festzuhalten, dass die islamische Welt durch diesen gesamten Zeitraum hindurch immer enger mit Europa, zunehmend auch mit Amerika verknüpft und von der «westlichen Welt» abhängig wurde. Die Einbindung in weltwirtschaftliche Strukturen – sei es durch das Erdöl, sei es durch Finanztransfers, sei es durch den Handel mit Industrieprodukten – ist so weit fortgeschritten, dass die materielle Kultur der islamischen Welt sich nur noch in Teilbereichen von derjenigen der übrigen Welt abgrenzen lässt.

Mit der Europäisierung durch Reformbewegungen und koloniale Herrschaft wandelte sich auch die Kunst in der islamischen Welt. Schon im 17. Jahrhundert hatten europäische Drucke die indische Malerei motivisch und stilistisch angeregt; in Iran wurden ganzfigurige Porträts nach europäischem Muster beliebt. Ähnliche Erscheinungen waren im 18. und 19. Jahrhundert überall und in allen Gattungen zu bemerken. In der osmanischen Architektur des 18. Jahrhunderts erschienen Motive aus dem europäischen Barock; wahrscheinlich wurden sie durch Musterbücher vermittelt. Die gekurvten Formen und Einzelheiten des Baudekors wie Pilaster und Gesimse veränderten das Erscheinungsbild öffentlicher Bauten. Besonders beliebt wurden Straßenbrunnen in Form kleiner Kioske mit vergitterten Fenstern und weit vorkragendem Dach, die sich dem schwungvollen Dekorstil leicht anpassen ließen (Abb. 40). Das sogenannte «türkische Rokoko» erinnerte schon aufgrund der Leichtigkeit bestimmter Dekorformen an die namengebende europäische Stilrichtung. Gegen Ende des 18. Jahrhunderts wurden einige Räume des Istanbuler Serails stilecht mit Rocaillendekor (Muschelwerk) und duftigen Landschaftsmalereien ausgestattet. In Europa war das Rokoko um diese Zeit bereits passé, und bald dekorierte man auch in Istanbul in den Formen des Empire. Die

1826 vollendete Nusretiye Camii («Siegesmoschee») am Bosporusufer erweckt zwar mit den schwingenden Formen ihrer Minarettsockel, Balustraden und Balkons einen barocken Gesamteindruck, doch im Einzelnen folgen die Dekorformen eher einem etwas trockenen Klassizismus.

Neue Baugattungen und Bautypen etablierten sich in der islamischen Welt mit den technischen und administrativen Reformen im Laufe des 19. Jahrhunderts: Schule, Universität, Postamt und Bahnhof folgten in ihren Grundzügen europäischen Vorbildern. Ihre Fassaden passte man dem landesüblichen Stil an – oder was Architekten und Bauverwaltungen dafür hielten. In dieser Hinsicht unterscheidet sich die öffentliche Architektur des Osmanischen Reiches und der indischen Kolonialverwaltung nicht von der historistischen Architektur in Europa und Nordamerika. Man zitierte einen Stil, der als angemessen für ein Gebäude galt, und verkleidete damit eine innere Struktur, die ganz unabhängig von der Fassade existierte. So entstanden in Kairo neo-mamlukische Gebäude, die im Innern Raumfluchten eines Museums oder einer Stadtverwaltung beherbergten. In Istanbul wurde der Beylerbeyi-Palast mit Säulen und Wanddekorationen ausgestattet, die nach Vorbildern aus der Alhambra entworfen waren (die Vorlagen waren durch ein britisches Musterbuch vermittelt worden). Ähnlich finden sich Hufeisenbögen und andere «maurische» Motive an Bibliotheksbauten und Moscheen. Derartige Architekturzitate sollten an eine Blütezeit der islamischen Kultur erinnern, auch wenn al-Andalus nie im Bereich der Osmanenherrschaft gelegen hatte. Somit wurde der europäische Orientalismus, der die islamische Welt romantisierend verklärte, im Orient selbst aufgenommen.

Aber auch die vollständige Anpassung an europäische Baustile war zu finden. Ein herausragendes Beispiel bildet der Sultanspalast von Dolmabahçe am Bosporus, der 1853 von Architekten aus der armenischen Familie Balyan für Sultan Abdülmecit errichtet wurde. Der Bau ist ganz nach dem Muster eines Barockschlosses gegliedert und reich dekoriert. Säulen, Architrave, Giebel und andere Motive der Renaissance und des Barock häufen sich vor allem an der Fassade des Mitteltraktes. Auch im

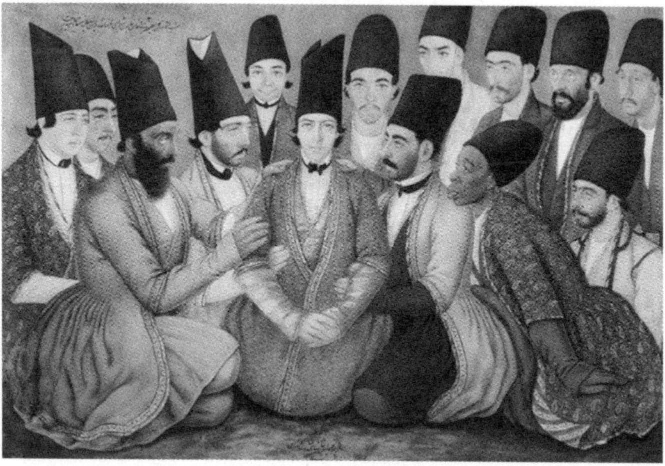

41 Sani' al-Mulk: Der Prinz Abd as-Samad Mirza mit Höflingen, 1859. Teheran, Gulistan-Palast

Innern entspricht die Gestaltung der Räume den europäischen Prachtbauten bzw. übertrifft sie noch an Fülle. Für die Ausstattung wurden kostbare Materialien verwendet, so beispielsweise Kristallglas für die Balustrade der Haupttreppe. Der neubarocke Baudekor im Stil der Pariser Oper erschien aber nicht nur für den Sultanspalast angemessen, sondern auch für Moscheen, etwa die 1854 erbaute Ortaköy Camii. Noch 1895 dekorierte man das Mausoleum des Muhammad Rıza Serasker, errichtet im altehrwürdigen Moscheekomplex von Koca Mustafa Paşa, mit Ovalfenstern, Pilastern und Girlanden in reinstem Rokoko, während das Grabmal darin mit Kalligraphien in klassisch osmanischem Stil gestaltet wurde.

Wie die armenischen Architekten der Sultane besuchten auch andere Künstler aus dem islamischen Orient europäische Ausbildungsinstitute. Osman Hamdi Bey (1842–1910), der Gründungsdirektor des Archäologischen Museums in Istanbul, erhielt in Paris eine Ausbildung in Malerei. Der Iraner Mohammad Ghaffari Kamal al-Mulk (1859[?]–1940) studierte Malerei in Florenz und Paris, bevor er 1911 in Teheran selbst eine Kunsthochschule ins Leben rief. Der akademische Realismus der europäischen Malerei fand auch durch Gemäldeausstellungen Eingang in die gehobene Gesellschaft des islamischen Orients. Vorbereitend hatten der Buchdruck (mit lithografierten oder gestochenen Abbildungen) und die Fotografie gewirkt. Die Herrscher unterhielten eigene fotografische Studios, und der persische Shah Nasir ad-Din (1848–1896) war selbst ein eifriger Fotograf. Rasch verbreitete sich die Porträtfotografie im Vorderen Orient am Ende des 19. Jahrhunderts auch außerhalb des Hofes. Sie leistete wiederum der Porträtmalerei Vorschub. In Iran hatte sich das Porträt bereits das ganze 19. Jahrhundert hindurch hoher Beliebtheit erfreut. Die Darstellung individueller Züge war in der Malerei der Safavidenzeit angelegt, aber noch nicht zum Hauptthema eines Bildes gemacht worden. In seinem Gruppenbild eines qajarischen Prinzen mit seinem Hofstaat versammelte der Maler Sani' al-Mulk nahezu gleichförmig sitzende Figuren, von denen aber jeder Einzelne durch seine Gesichtszüge naturgetreu abgebildet und zugleich charakterisiert wird (Abb. 41). Die technische Sorgfalt der Ausführung bezeugt, welche Aufmerksamkeit den Dargestellten und ihrem Abbild zuteil wurde.

In der figürlichen Plastik, die als eigenständige Gattung zuvor so gut wie nicht existierte, orientierten sich die Künstler in islamischen Ländern seit der Mitte des 19. Jahrhunderts gänzlich an den Strömungen in der europäischen Kunst. Standbilder und Reiterdenkmäler des Sultans, des Shahs oder des ägyptischen Vizekönigs erschienen auf öffentlichen Plätzen. Später wurden auch abstrakte Werte wie Nation, Aufklärung und Freiheit in allegorischer Form als Statuen auf den Sockel gehoben, so etwa in der Figurengruppe «Das Erwachen Ägyptens» (1928 von Mahmud Mukhtar).

In der ersten Hälfte des 20. Jahrhunderts sah es so aus, als gehe die Kunst in der islamischen Welt denselben Weg wie die europäische und nordamerikanische Kunst. Die Institutionen der Ausbildung und Mechanismen des Kunstbetriebs waren «verwestlicht» worden; Gattungen, Themen und Formensprache richteten sich weitgehend nach den Strömungen, die in der

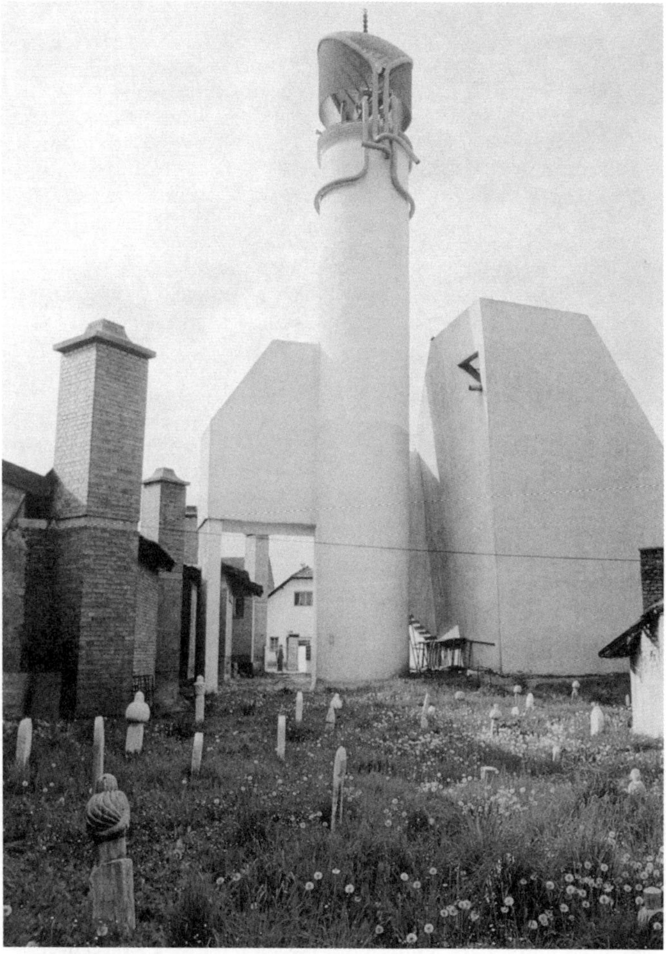

42 Sherefudin-Moschee, Visoko (Bosnien), 1980

europäischen Moderne verfolgt wurden. Selbst das Aufgreifen regionaler Traditionen, wie es beispielsweise in den Werken der türkischen Architekten Kemalettin Bey und Sedat Hakkı Eldem sichtbar wird, kann zunächst als Parallele zum «Heimatstil» des

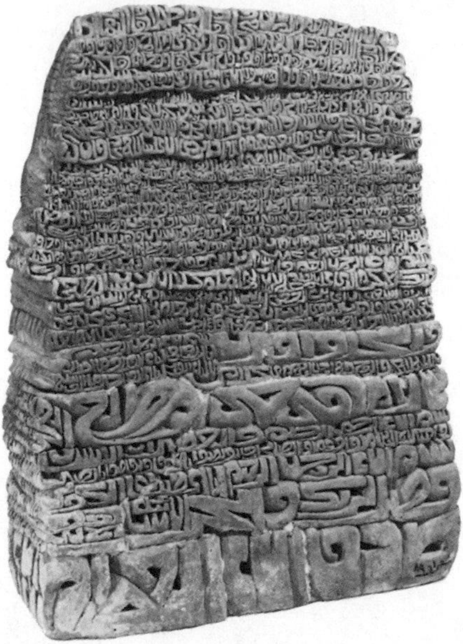

43 Mohamad al Shaarawi: Ohne Titel, 1989. Doha, Qatar Foundation

frühen 20. Jahrhunderts in Deutschland gesehen werden. Bis zu den 1950er Jahren setzte sich dann überall eine internationale Moderne durch, die in der Architektur durch die Betonung von Funktionalität und Unterdrückung des Ornaments gekennzeichnet war. Die 1980 erbaute Sherefudin-Moschee im bosnischen Visoko (Abb. 42) kann als gelungene Umsetzung der Anforderungen eines Moscheebaues in die Formensprache der Moderne gelten.

Allerdings gab es Gegenbewegungen. Zum einen hatte sich die offiziell geförderte und in wohlhabenden Gesellschaftsschichten geschätzte Kunst vom Geschmack der Massen abgekoppelt. An der internationalen Moderne orientierte Kunst erschien (und erscheint) oftmals elitär. In radikal-religiösen Kreisen, die mit dem allgemeinen Aufschwung islamistischer Tendenzen an Stärke gewannen, wurde und wird bildende Kunst ohnehin kritisch beobachtet; das Verdikt der Götzendienerei ist bei figürlichen Werken, vor allem wenn es sich um Plastiken handelt, schnell ausgesprochen. Prediger mit hoher Medienpräsenz, die ihre Meinungen etwa über das Fernsehen verbreiten, sind hier durchaus in der Lage, den Umgang mit Kunst in breiten Bevölkerungsschichten zu beeinflussen (Iran bildet wiederum eine Ausnahme – hier ist sogar ein Denkmal für den Imam Khomeini als thronende Figur mit zum Gruß erhobener Hand kein Stein des Anstoßes). Andererseits ist gerade das Fernsehen ein Medium, das mögliche Verbotsschranken bei der Darstellung von Menschen kaum noch wirksam sein lässt.

Eine andere, gewissermaßen innerkünstlerische Gegenbewegung stellt die Suche nach Anknüpfungspunkten innerhalb der islamischen Kulturgeschichte dar. Künstler lassen sich durch Elemente aus vergangenen Epochen der islamischen Kunstgeschichte oder aus der traditionellen «Volkskunst» bestimmter Regionen anregen. Im Unterschied zum Orientalismus des 19. Jahrhunderts streben sie aber nicht danach, ein bestimmtes Image des romantisch aufgefassten «Islam» oder «Orients» einzufangen. Der moderne Ansatz ist meist formalistisch und geht bestimmten ästhetischen Qualitäten nach, die schon in älteren Werken islamischer Kunst zu sehen sind.

Eine Sonderrolle nimmt dabei die Schrift ein. In keiner anderen Weltregion werden in der modernen Kunst so häufig kalligraphische Elemente verarbeitet wie bei den arabischen und iranischen Künstlern. Die Werke des Palästinensers Kamal Boullata greifen die Ästhetik des «Quadrat-Kufi» auf, das über mehrere Jahrhunderte vor allem im iranischen Bereich für formelhaft gebrauchte Texte eine eigene Ausdrucksform darstellte. Seine kühl und regelhaft wirkenden zwei- oder dreidimensionalen Schöpfungen bleiben nah an den Methoden der graphischen Schematisierung, wie sie traditionell gepflegt worden waren. In einer 1989 von Mohamad al Shaarawi geschaffenen Terrakotta-Skulptur (Abb. 43) sind zeilenweise unlesbare Inschriften aufeinander gedrückt und gestapelt, die einerseits zur Entzifferung auffordern, andererseits durch die veränderte Gestalt der Buchstaben deutlich machen, dass keine Hoffnung besteht, ihre Bedeutung zu entschlüsseln. Anders lesen sich die Tusche- und Tintengemälde von Nja Mahdaoui und Rachid al

Koraichi: In minutiöser Kleinteiligkeit setzen sich diese Bilder aus Textelementen zusammen. Wechselnde Schreibrichtungen machen deutlich, dass es sich nicht um «Inschriften» handelt. Die Ästhetik der arabischen Schrift kommt hier einer formalistischen Auffassung vom «Bild» entgegen.

Im Blick auf diese Kunst deutet sich an, wie breit das Potenzial der Kalligraphie für die moderne Kunst sein kann und dass «islamische» Komponenten diese Schöpfungen von anderen Werken der Gegenwartskunst abheben – sie sind islamisch in dem Sinne, dass sie aus der kulturellen Tradition der islamischen Welt stammen. Trotz der Einbindung dieser Kunst in die Ästhetik des 20. und 21. Jahrhunderts wirkt die Entscheidung, die im späten 7. Jahrhundert unter dem Kalifen Abd al-Malik getroffen wurde, noch immer nach.

Glossar

Arabeske: (ital.-dt.) Flächenornament aus stilisierten Ranken in geometrisierter Anordnung

Arkade: (lat.-dt.) Bogen auf Stützen; im Plural: Bogenreihe

Bazar: (pers.) Markt; häufig mit überdachten Straßen und nach Branchen sortierter Ordnung

Blendnische: Nicht zum Mauerverband gehörende, vorgeblendete Nische

Chahar Bagh: (pers.) Vierteiliger Garten mit Achsenkreuz aus Wegen oder Kanälen

Duktus: (lat.) Schriftart, Linienführung einer Schrift

Flechtband: Ornament aus einem oder mehreren verschlungenen Bändern

Frontispiz: (lat.) Erste Doppelseite eines (handgeschriebenen) Buches

Imam: (arab.) 1. Vorbeter der islamischen Gottesdienstgemeinde; 2. Nachkomme des Propheten bzw. seines Schwiegersohns Ali; nach schiitischer Auffassung mit göttlicher Inspiration begabt

Iwan: (arab.-pers.) Zu einem Hof hin in voller Breite und Höhe geöffnete Halle

Kämpfer: Ansatzpunkt eines Bogens, meist durch ein Gesims betont

Madrasa: (arab.) Juristisch-theologische Hochschule

Masjid: (arab.) Gebetsraum, einfache Moschee

Mihrab: (arab.) Gebetsnische

Minbar: (arab.) Kanzel für das Freitagsgebet

Muezzin: (arab.-dt.) Gebetsrufer

Muqarnas: (arab.) Zellenwerk als Baudekor in Nischen und an vorkragenden Bauteilen

Pilaster: (lat.-dt.) Flache Säule als Wandvorlage

Portikus: (lat.) Säulenhalle als Vorbau eines Gebäudes

Qibla; Qiblawand: (arab.) Gebetsrichtung (nach Mekka); die in dieser Richtung gelegene Wand eines Moscheegebäudes

Riwaq: (arab.) Portikus; überdachter Gebäudeflügel

Spolie: (lat.-dt.) Wiederverwendetes Architekturelement

Sure: (arab.) Kapitel des Korans

Tauschierung: Einlegearbeit in Metall

Tuğra: (türk.) Kalligraphierter Namenszug des Herrschers

Türbe: (türk., von arab. *turba*) Mausoleum, Grabbau, meist in Form eines Zentralbaues

Umma: (arab.) Gemeinschaft der Muslime

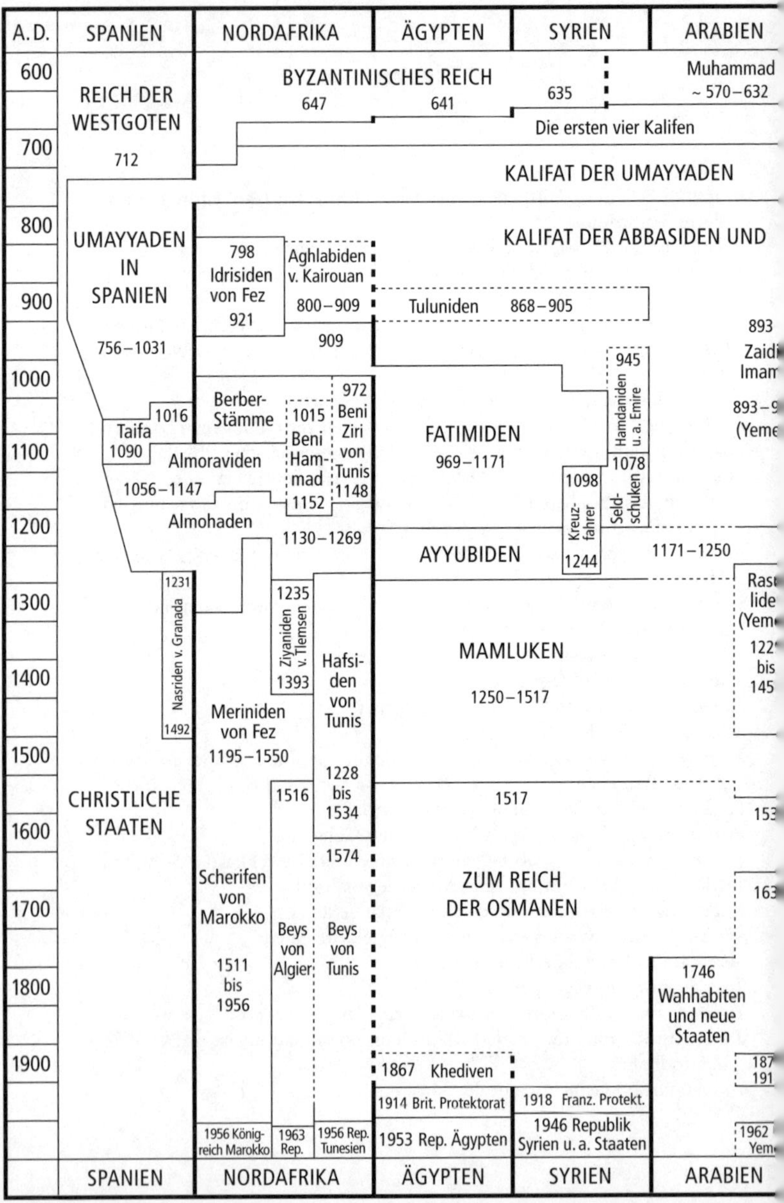
A. D.
SPANIEN
NORDAFRIKA
ÄGYPTEN
SYRIEN
ARABIEN
600
700
800
900
1000
1100
1200
1300
1400
1500
1600
1700
1800
1900
REICH DER WESTGOTEN
712
BYZANTINISCHES REICH
647
641
635
Muhammad ~ 570–632
Die ersten vier Kalifen
KALIFAT DER UMAYYADEN
KALIFAT DER ABBASIDEN UND
UMAYYADEN IN SPANIEN
756–1031
798 Idrisiden von Fez 921
Aghlabiden v. Kairouan
800–909
909
Tuluniden 868–905
893
Zaidi
Imam
893–9
(Yeme
945
Hamdaniden u. a. Emire
1078
Seld-schuken
1016
Taifa
1090
Berber-Stämme
1015
Beni Ham-mad
1152
972
Beni Ziri von Tunis
1148
Almoraviden
1056–1147
FATIMIDEN
969–1171
1098
Kreuz-fahrer
1244
Almohaden
1130–1269
AYYUBIDEN
1171–1250
1231
Nasriden v. Granada
1492
1235
Ziyaniden v. Tlemsen
1393
Hafsi-den von Tunis
1228 bis 1534
Meriniden von Fez
1195–1550
MAMLUKEN
1250–1517
Rasu
lide
(Yem
122
bis
145
1516
1517
153
CHRISTLICHE STAATEN
1574
Scherifen von Marokko
1511 bis 1956
Beys von Algier
Beys von Tunis
ZUM REICH DER OSMANEN
163
1746
Wahhabiten und neue Staaten
187
191
1867 Khediven
1914 Brit. Protektorat
1918 Franz. Protekt.
1956 Königreich Marokko
1963 Rep.
1956 Rep. Tunesien
1953 Rep. Ägypten
1946 Republik Syrien u. a. Staaten
1962
Yem

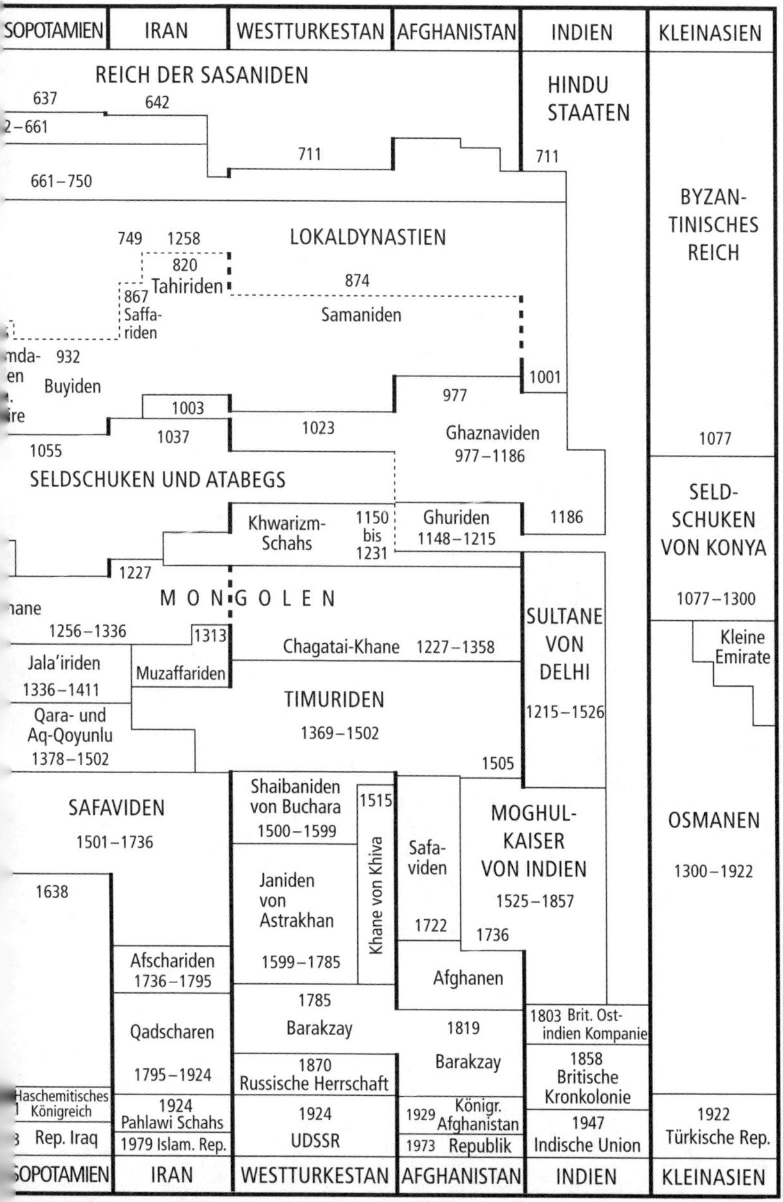

SOPOTAMIEN
IRAN
WESTTURKESTAN
AFGHANISTAN
INDIEN
KLEINASIEN
REICH DER SASANIDEN
637
642
2–661
711
661–750
HINDU STAATEN
711
BYZANTINISCHES REICH
LOKALDYNASTIEN
749
1258
820
Tahiriden
867
Saffariden
874
Samaniden
932
Buyiden
1001
1003
977
1037
1023
1055
Ghaznaviden 977–1186
1077
SELDSCHUKEN UND ATABEGS
SELDSCHUKEN VON KONYA
Khwarizm-Schahs
1150 bis 1231
Ghuriden 1148–1215
1186
1227
MONGOLEN
1077–1300
1256–1336
1313
Chagatai-Khane 1227–1358
SULTANE VON DELHI
Kleine Emirate
Jala'iriden 1336–1411
Muzaffariden
TIMURIDEN 1369–1502
1215–1526
Qara- und Aq-Qoyunlu 1378–1502
1505
SAFAVIDEN 1501–1736
Shaibaniden von Buchara 1500–1599
1515
Khane von Khiva
Safaviden
MOGHUL-KAISER VON INDIEN 1525–1857
OSMANEN 1300–1922
1638
Janiden von Astrakhan 1599–1785
1722
1736
Afschariden 1736–1795
Afghanen
1785
Barakzay
1819
1803 Brit. Ostindien Kompanie
Qadscharen 1795–1924
1870 Russische Herrschaft
Barakzay
1858 Britische Kronkolonie
Haschemitisches Königreich
1924 Pahlawi Schahs
1924 UDSSR
1929 Königr. Afghanistan
1947 Indische Union
1922 Türkische Rep.
Rep. Iraq
1979 Islam. Rep.
1973 Republik

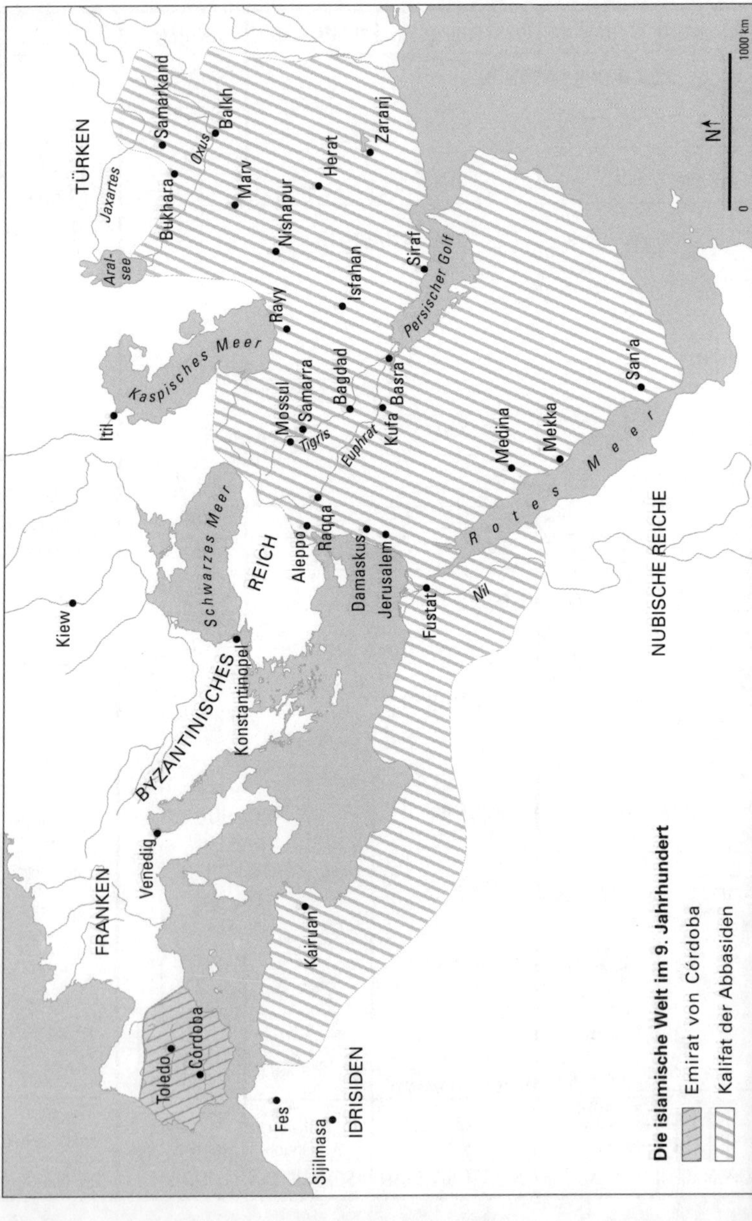

Die islamische Welt im 9. Jahrhundert

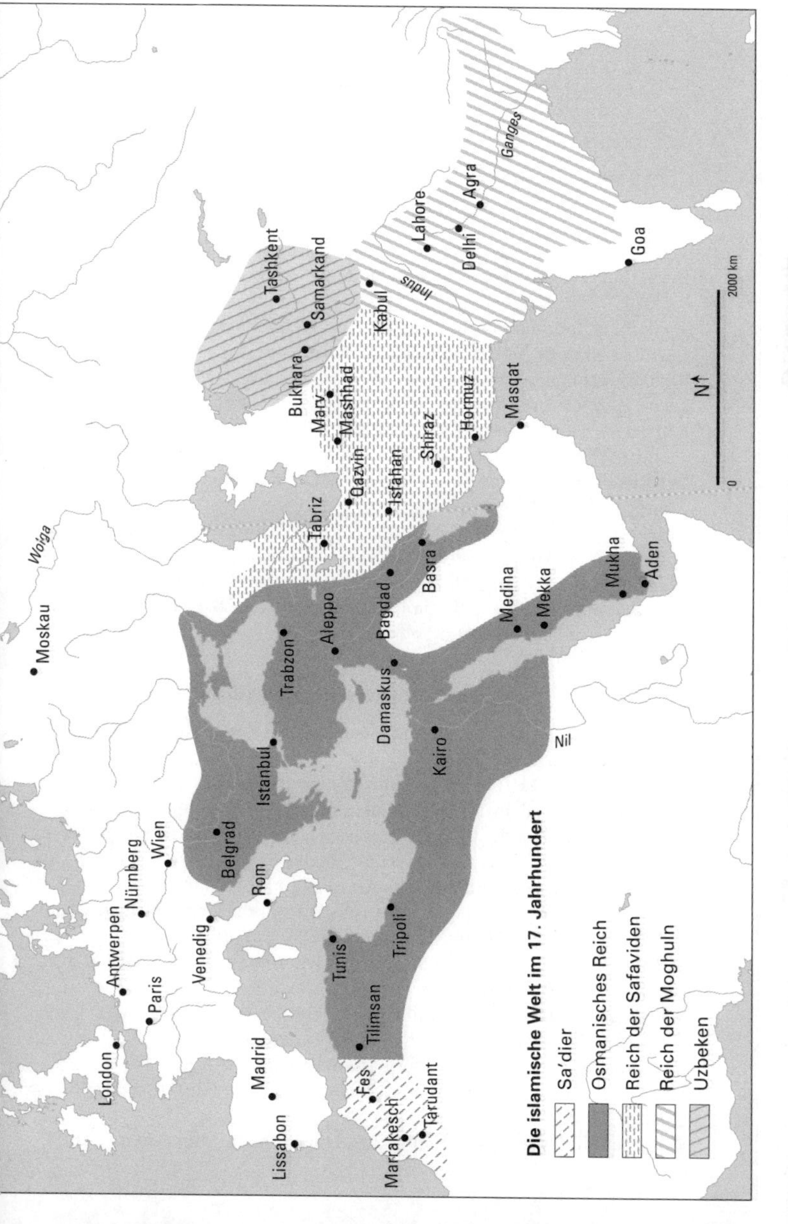
Die islamische Welt im 17. Jahrhundert
Sa'dier
Osmanisches Reich
Reich der Safaviden
Reich der Moghuln
Uzbeken
0
2000 km
N
Lissabon
Madrid
London
Paris
Antwerpen
Nürnberg
Wien
Venedig
Rom
Belgrad
Istanbul
Trabzon
Moskau
Wolga
Fes
Marrakesch
Tarudant
Tilimsan
Tunis
Tripoli
Kairo
Nil
Damaskus
Aleppo
Bagdad
Basra
Medina
Mekka
Mukha
Aden
Tabriz
Qazvin
Isfahan
Shiraz
Hormuz
Masqat
Mary
Mashhad
Bukhara
Samarkand
Tashkent
Kabul
Indus
Lahore
Delhi
Agra
Ganges
Goa

Literaturhinweise

Islamische Kunstgeschichte

Terry Allen: Five Essays on Islamic Art, Sebastopol 1988.
Doris Behrens-Abouseif: Schönheit in der arabischen Kultur, München 1998.
Sheila Blair/Jonathan Bloom: Islamic Art and Architecture 1250–1800 (Pelican History of Art), New Haven/London 1994.
Richard Ettinghausen/Oleg Grabar/Marilyn Jenkins-Madina: Islamic Art and Architecture 650–1250 (Pelican History of Art), New Haven 2001.
Finbarr B. Flood/Gülru Necipoğlu (Hrsg.): A Companion to Islamic Art and Architecture, Hoboken, N.J. 2017.
Markus Hattstein/Peter Delius (Hrsg.): Islam. Kunst und Architektur, Köln 2000.
Robert Irwin: Islamic Art in Context. Art, Architecture, and the Literary World, New York 1997 [dt. Übers.: Islamische Kunst, Köln 1998].
Martina Müller-Wiener: Die Kunst der islamischen Welt, Stuttgart 2012.
Janine Sourdel-Thomine/Berthold Spuler: Die Kunst des Islam (Propyläen Kunstgeschichte 4), Berlin 1973.

Museums- und Ausstellungskataloge

Sheila Canby (Hrsg.): Court and Cosmos. The Great Age of the Seljuqs, New York 2016.
Giovanni Curatola (Hrsg.): al-Fann. Kunst der islamischen Welt aus der Sammlung al-Sabah, Kuwait, Mailand 2011.
Verena Daiber/Benoît Junod (Hrsg.): Schätze des Aga Khan Museum. Meisterwerke der islamischen Kunst, Berlin 2010.
Jerilyn D. Dodds: Al-Andalus. The Art of Islamic Spain, New York 1992.
Maryam Ekhtiar u. a. (Hrsg.): Masterpieces from the Department of Islamic Art in The Metropolitan Museum of Art, New York 2011.
Helen C. Evans/Brandie Ratliff (Hrsg.): Byzantium and Islam. Age of Transition, 7th-9th Century, New York 2012.
Gwenaëlle Fellinger/Carol Guillaume (Hrsg.): L'Empire des roses. Chefs-d'œuvre de l'art persan du XIXe siècle, Lens 2018.
Hermann Forkl u. a. (Hrsg.): Die Gärten des Islam, Stuttgart 1993.
Ute Franke u. a.: Iran. Kunst und Kultur aus fünf Jahrtausenden, Berlin 2021.
Philip Jodidio: Museum of Islamic Art, Doha, Qatar, München u. a. 2008.

Sopie Makariou (Hrsg.): Les Arts de l'Islam au Musée du Louvre, Paris 2012.

Asadullah Souren Melikian-Chirvani (Hrsg.): The World of the Fatimids, Toronto 2016.

Michael Rogers (Hrsg.): Arts de l'Islam. Chefs-d'œuvre de la collection Khalili, Paris 2009.

Museumsbestände im Internet

Viele Museen und Bibliotheken haben umfangreiche Bildbestände ihrer Objekte online gestellt. Das Museum With No Frontiers ist eine besondere, Länder und Institutionen übergreifende Initiative.

Museum With No Frontiers – Discover Islamic Art: https://islamicart.museumwnf.org

Museum für Islamische Kunst, Berlin: http://www.smb-digital.de/eMuseum Plus

British Museum, London: https://www.britishmuseum.org/collection

Metropolitan Museum of Art, New York: https://www.metmuseum.org/art/collection/search

Architektur

K. A. C. Creswell: Early Muslim Architecture. Revised and supplemented by J. W. Allan, Aldershot 1989.

Robert Hillenbrand: Islamic Architecture. Form, Function and Meaning, Edinburgh 1994.

Henri Stierlin: Architektur des Islam vom Atlantik zum Ganges, Zürich 1979.

Eugen Wirth: Die orientalische Stadt im islamischen Vorderasien und Nordafrika. Städtische Bausubstanz und räumliche Ordnung, Wirtschaftsleben und soziale Organisation, Mainz 2000.

Angewandte Kunst und Ornamentik

Nurhan Atasoy/Julian Raby: Iznik. The Pottery of Ottoman Turkey, London 1989.

Eva Baer: Islamic Ornament, Edinburgh 1998.

Anna Beselin: Geknüpfte Kunst. Teppiche des Museums für Islamische Kunst, München 2011.

Oleg Grabar: The Mediation of Ornament (Bollingen Series 38), Washington, D. C. 1992.

Ernst Kühnel: Die Arabeske. Sinn und Wandlung eines Ornaments, Wiesbaden 1949, Nachdr. Graz 1977.

Asadullah Souren Melikian-Chirvani: Islamic Metalwork from the Iranian World, 8th–18th Centuries (Victoria and Albert Museum Catalogue), London 1982.

Rachel Ward: Islamic Metalwork, London 1993.
Oliver Watson: Ceramics from Islamic Lands, London 2004.

Malerei und Kalligraphie

Sheila S. Blair: Islamic Calligraphy, Edinburgh 2006.
Sheila R. Canby: Persian Painting, London 1993.
Jürgen W. Frembgen (Hrsg.): Die Aura des Alif. Schriftkunst im Islam, München 2010.
Oleg Grabar: Mostly Miniatures. An Introduction to Persian Painting, Princeton, N. J. 2000.
Oleg Grabar: Masterpieces of Islamic Art. The Decorated Page from the 8th to the 17th Century, München 2009.
Silvia Naef: Bilder und Bilderverbot im Islam, München 2007.
Michael Rogers: Mughal Miniatures, London 1993.
Eleanor Sims/Boris Marshak/Ernst J. Grube: Peerless Images. Persian Painting and Its Sources, New Haven/London 2002.

Bildnachweis

1: Universität Tübingen, Forschungsstelle für Islamische Numismatik (nach Leu Auktion 56, Zürich 1992)
2: Museum für Islamische Kunst Berlin: Katalog, Berlin 1979
3: A. Choisy: Histoire de l'architecture, Paris 1899
4, 26, 27: J. Sourdel-Thomine/B. Spuler: Die Kunst des Islam, Berlin 1973 © Ullstein Verlag
5, 31: H. J. Sauermost/W.-Chr. von der Mülbe: Istanbuler Moscheen, München 1976
6, 7, 13–16, 22b, 32, 40: Foto L. Korn
8: M. Almagro Basch u. a.: Qusayr Amra, Granada 2002
9: H. Stierlin: Der Islam. Frühe Bauwerke von Bagdad bis Córdoba, Köln 1996
10: Universität Bamberg, Bildarchiv Islamische Welt, R. Hillenbrand
11a, 11b: O. Watson: Ceramics from Islamic Lands, London 2004
17: R. Ettinghausen: Arabische Malerei, Genf 1962
18: E. Sims/B. Marshak/E. Grube: Peerless Images, New Haven 2002
19, 24: K. A. C. Creswell/J. Allan: A Short Account of Early Muslim Architecture, Aldershot 1989
20: M. Barrucand/A. Bednorz: Maurische Architektur in Andalusien, Köln 1992 (Chr. Ewert)
21: J. Sourdel-Thomine/B. Spuler: Die Kunst des Islam, Berlin 1973 © Ullstein Verlag (nach J. Franz Pascha)
22a, 25: Chr. Ewert u. a.: Hispania Antiqua. Denkmäler des Islam, Mainz 1997
22c: H. Stierlin: Architektur des Islam vom Atlantik zum Ganges, Zürich 1979
23: K. A. C. Creswell: Early Muslim Architecture I.2, Oxford 1969
28: © Inge und Arwed von der Ropp
29: Geschriebene Welten, Ausstellungskatalog, Frankfurt a. M. 2004
30, 36: Universität Bamberg, Bildarchiv Islamische Welt, Bestand K. Erdmann
33: Orientalische Buchkunst in Gotha, Ausstellungskatalog, Gotha 1997
34: H. C. Graf von Bothmer, in: Bruckmanns Pantheon 45, 1987
35: Stuart Cary Welch: Persische Buchmalerei, München 1978
37: J. Kalter/I. Schönberger: Der lange Weg der Türken, Ausstellungskatalog, Stuttgart 2003
38: Sheila Canby: Persian Painting, London 1993
39: B. Gray: Persische Malerei, Genf 1961
41: Y. Zoka: Sani' al-Mulk, Teheran 2003
42: Sh. Cantacuzino: Architecture in Continuity, New York 1985
43: © Qatar Foundation

Karten: Cartomedia, Karlsruhe

Leider war es nicht in allen Fällen möglich, die Inhaber der Rechte zu ermitteln. Wir bitten deshalb gegebenenfalls um Mitteilung. Der Verlag ist bereit, berechtigte Ansprüche abzugelten.

Personenregister

Ortsregister